"四味书屋"丛书编委会

丛书主编：秦　菁

丛书顾问：罗晓晖

出版顾问：王定宇

丛书绘图：张金堂　杨清瑝

丛书摄影：周鹊虹

丛书编委：冯胜兰　史　瑞　方顺贵　孙晓宇

　　　　　张奕秋　龙剑霞　李　好　吕　静

四味
书屋

国学典藏 精彩解读

千秋诗歌

上册

秦 菁 方顺贵 编著

四川大学出版社

特约编辑：段欣然
责任编辑：欧风偓
责任校对：黄蕴婷
封面设计：木之雨工作室
责任印制：王　炜

图书在版编目（CIP）数据

千秋诗歌 / 秦菁，方顺贵编著. —成都：四川大
学出版社，2018.5
　ISBN 978-7-5690-1891-2

　Ⅰ.①千… 　Ⅱ.①秦… ②方… 　Ⅲ.①古典诗歌－诗
歌欣赏－中国－小学－课外读物 　Ⅳ.①G624.203

中国版本图书馆 CIP 数据核字（2018）第 115198 号

书　名　**千秋诗歌**
　　　　Qianqiu Shige

编　　著　秦　菁　方顺贵
出　　版　四川大学出版社
地　　址　成都市一环路南一段24号 (610065)
发　　行　四川大学出版社
书　　号　ISBN 978-7-5690-1891-2
印　　刷　成都市金雅迪彩色印刷有限公司
成品尺寸　184 mm×260 mm
印　　张　11.25
字　　数　163 千字
版　　次　2018 年 7 月第 1 版
印　　次　2018 年 7 月第 1 次印刷
定　　价　39.80 元（上、下册）

◆ 读者邮购本书，请与本社发行科联系。
　电话:(028)85408408/(028)85401670/
　(028)85408023　邮政编码:610065
◆ 本社图书如有印装质量问题，请
　寄回出版社调换。
◆ 网址:http://www.scupress.net

序

我们应该成长为一个真正的中国人。这里的"中国人"不止是一个民族的概念，更多的是一个文化的概念。古往今来，我们周边很多民族不断接受中国文化，不断进行文化融合，最终成为文化意义上的中国人。中华优秀传统文化，是中国人的根和魂。我们要成为真正的当代中国人，就要虚心学习传统文化，并与时俱进，努力实现优秀传统价值的当代转换。

"四味书屋"择取优秀传统文化精髓，从"语言、思维、文化、审美"四个维度切入传统文化学习，意在培养中国精神和中国情趣，也与语文学科的核心素养不谋而合。阅读和学习这套丛书，不但能传承传统文化精神，也能极大地提升学生的语文素养。丛书的编排体系顺应了学生认识发展的规律，从"万方名物"到"百家金言"，这就是从"识字"到"通经"；从"千秋诗歌"到"一贯文章"，这就是从内在的诗教熏陶到外显的丰富表达。本丛书内容不多，精要精致，可谓体不大而虑甚周。

我读过许多国学读本，但鲜有像这套丛书这样精当而切实的。在此对本丛书的作者们表示敬意，也希望这套丛书能够被读者普遍接受，为"立德树人"的中国教育发挥出应有的价值。

成都市教科院国学研究室主任
成都文理学院特聘教授

前言

一个人在幼年所积累的文化根基，将成为他终生倚靠的文化能力。传统文化，是在濡染和引导中浸入孩子的心灵的。

由充实的传统文化内容、开阔的视野、发展的眼光、积极的思维习惯、优秀的民族精神构成的人文品质，在现代社会显现出柔韧而深厚的文化能力，是新一代人才最具竞争力的能力，也是中华民族立足于世界民族之林的基石。

"语言、思维、传承、审美"，领会并运用语言，发展并优化思维，理解并传承文化，鉴赏并创造美，是文化培养的四种核心素养，此为传统文化之"四味"也。

面对浩瀚的传统文化，机械的复古不能应对现代社会的现实问题，缺乏历史基础的盲目创新不能解决由历史叠加起来的实际问题。因而，将传统文化与现代学习方式和人才选拔制度有机结合就显得至关重要。

以传统文化为基础，适应现代社会的人才选拔要求，对传统文化去粗存精，进行与时俱进的选择，开放性、发展性的学习和思考，就是"四味书屋"国学丛书的基本特征。

● 丛书内容

1. 万方名物

介绍自然和社会中的物象以及与物象对应及相关的名称、词语、故事、诗句，实现孩子对物象的认知及与物象相关的语言词汇的积累。

2. 九州故事

介绍人物、故事、历史常识和文化常识，实现孩子对人物、故事、历史常识及文化常识的积累，对中国传统人文精神的了解和领会。

3. 千秋诗歌

介绍与人物、花鸟、环境、天象、季节、生活等相关的诗歌，实现孩子对景象、诗句、情感的积累，对中国传统美的感受和欣赏。

4. 百家金言（待出版）

把中国传统思想和思维方式灌注于明白晓畅的故事中，让孩子在故事中领会切实丰厚的民族智慧。通过故事和思想的关联性思考，建立起由事及理的思维习惯，让学生形成对现象的分析思考能力，准确领会和清晰表达观点、思想。

5. 一贯文章（待出版）

形成语言、文学能力和文化精神的知识板块，整合信息、语言、技巧和思维四大阅读写作基本要素，从物象、语言、历史、民俗、文化等各个维度规划语文学习的方向和方法。形成阅读写作综合能力，对整个语文学习生涯以及终生阅读方向进行整体规划和引导。

"万方名物"教学生认识事物，旨在物象的积累；"九州故事"乃历史的指引，旨在人事的认识；"千秋诗歌"是中国语言文化的浓缩表现，旨在审美趣味培养；"百家金言"则着力于思维习惯的培养和思想观点的清晰表达；"一贯文章"则是对中国文化丰富性、多样性的一个整体认识。丛书分五部分做到对国学内容的基本覆盖，实现对传统文化的系统性学习和人文精神的培养。

● **丛书特征**

1. 结合现今的语文教学体系，着眼于文字和语言本身，以认知事物、辨识文字、聆听故事、了解人物、欣赏美文、感知历史、体会民风的方式，打下最真实的传统文化基础，构筑语言文化的再生能力，也即语言能力。

2. 从阅读写作能力培养的角度来选择篇目和编写内容，作用于阅读写作的能力培养，是与阅读写作和谐统一的国学书籍。

3. 与小学语文学习的阶段相匹配，同步进行字、词、句、篇的引导学习。配合小学生各个年级学习进度，既是学生循序渐进的传统文化学习教程，也可以作为学校的国学课教程。

4. 从文化核心素养的全局着眼，不是断层的阶段性知识灌输，而是整个文化学习生涯的知识范围引导，人文基础、文化背景的构建，思维习惯、表达习惯的训练。

● **总　结**

厚积薄发是我们这个内敛的民族秉承的气度。"四味书屋"编写团队成员包含大学、高中、初中、小学各个阶段的老师，都是兢兢业业从事教学或教学研究的教师，我们一起追本溯源，关注教育行走最初的对象——孩子，脚踏实地地教学和研究。

"四味书屋"编写团队深信：对这套书每一页的学习，都是向蒙昧生命投射的一丝光亮；对这整套教程的学习，则是开启智慧生命的门户，走向丰富高贵的人生的通道。

本套丛书得到了重庆市渝中区文化委的重视和支持，被列为渝中区文化产业专项资金项目。在此，四味书屋团队衷心感谢重庆市渝中区文化委！中华文化千百年来的承继和发展，正是因为从来都不缺乏以务实精神担当责任的引领者。

我们深信：我们的每一步努力，都将融入中华民族前进的洪流。

秦　菁

CONTENTS

目录

千秋诗歌（上册）

第一章 儿童

 经典溯源

所 见

清·袁枚①

牧童②骑黄牛，

歌声振③林樾④。

意欲⑤捕⑥鸣⑦蝉，

忽然闭口立。

【释读】

所 见

　　野外林荫道上，一位小牧童骑在黄牛背上缓缓而来。也不知有什么开心事儿，他一路走一路唱，歌声清脆响亮，整个树林全被他惊动了。忽然，歌声停下来，小牧童脊背挺直，嘴巴紧闭，两眼凝望着高高的树梢。"知了，知了，知了……"树上，一只蝉正扯开嗓门，自鸣得意地唱呢。正是它把小牧童吸引住了，他真想将蝉捉下来呢！

【注释】

①袁枚（1716 年—1797 年），清代诗人、诗论家。字子才，号简斋，晚年自号仓山居士、随园主人、随园老人。

②牧童：指放牛的孩子。

③振：振荡。说明牧童的歌声嘹亮。

④林樾：指道旁成荫的树。樾（yuè），树荫。

⑤意欲：想要。

⑥捕：捉。

⑦鸣：叫。

小儿垂钓

唐·胡令能⑧

蓬头⑨稚子⑩学垂纶⑪，
侧坐莓⑫苔⑬草映身⑭。
路人借问⑮遥招手，
怕得鱼惊⑯不应⑰人。

【释读】

小儿垂钓

一个头发蓬乱、面容粉嫩的小孩在河边学钓鱼，侧着身子坐在草丛中，野草掩映了他的身影。听到有过路的人问路，小孩远远地朝他摆手，生怕惊动了鱼儿，不敢回应过路人。

【注释】

⑧胡令能（785年—826年），唐朝诗人，隐士。隐居圃田（河南中牟县）。
⑨蓬头：小孩子头发蓬乱。形容小孩可爱。
⑩稚子：年龄小的、懵懂的孩子。
⑪垂纶：钓鱼。纶，音lún，钓鱼用的丝线。
⑫莓：一种野草。

⑬苔：苔藓植物。
⑭映：遮映。
⑮借问：向人打听。
⑯鱼惊：鱼儿受到惊吓。
⑰应：回应，答应，理睬。

识文解字

字　形	艸　　艸　　艸　　草		
偏　旁	艹		
字　音	cǎo		
本　义	春天冒出地面的小草。		
引申义	①树木、谷物、蔬菜以外，茎干柔软的高等植物的总称；②山野，民间；③不细致，不认真，粗糙；④创始。		
相关字	莓、苔、蓬		
词　语	草芥：草芥，指路边干枯的小草，枯草的一段。比喻不足珍惜的无价值的东西。		
	草莽：指丛生的杂草，借指偏僻的乡间、落后愚昧之地。		
成　语	草长莺飞：草木生长，黄莺飞翔。形容春天草木繁盛、莺歌燕舞的景象。		
	草菅人命：草菅（音jiān），野草。把人命看作野草，指任意残害生命。		

方法探幽

（一）动静变化

1. 动态：骑牛、唱歌。那高坐牛背、大声唱歌的派头，何等散漫、放肆。

2. 静态：闭口，立。后写小牧童的静态，那屏住呼吸，眼望鸣蝉的神情，又是多么专注啊！

3. 从动到静的变化："意欲""忽然"，内心想法一产生，立即投射到身体动作上。这从动到静的变化，写得既突然又自然，把小牧童天真烂漫、好奇多事的形象，刻画得活灵活现。

4. 选材的取舍：至于下一步的动静，小牧童怎样捕蝉，捕到没有，诗人没有写，留给读者去体会、去遐想、去思考。

读诗的小朋友，你想一想呢？他捕到蝉没有呢？你有捉虫的经历吗？

（二）身份标志

稚子（小孩）

1. 外形：蓬头，头发蓬乱，或许早上没有梳理，或许是梳理了也在玩闹中弄乱了，表现他的顽皮可爱。

2. 动作：侧坐、遥招手、不应。

侧坐：在垂钓时，"侧坐"在长满青苔的地上，周围是草丛，草丛的影子投射在他身上。"侧坐"带有随意坐下的意思。侧坐，不是"端坐"，不是"稳坐"，正是小孩儿的动作，小孩儿怎么会在乎地面干净与否，又怎么会坐得端端正正呢？这也可以想见小儿不拘形迹地专心致志于钓鱼的情景。

遥招手：当路人远远地向他问路，小孩儿害怕应答声惊动了鱼儿，

老远地朝路人摆手拒绝回答。这是从动作和心理方面来刻画小孩，有心计，机警聪明。他之所以要以动作来代替答话，是害怕把鱼惊散。他的动作是"遥招手"，说明他对路人的问话漠不关心，他关心的是他的鱼儿是否上钩。天大的事也没有眼前的事重要，这是小孩儿的典型心理。

前两句虽然着重写小儿的体态，但"侧坐莓苔"又在体态之外加了写景；后两句虽然着重写小儿的神情，但在第三句中仍然有描绘动作的生动的笔墨。自始至终，"稚子"这个身份是所有叙述和描写的根本基础。

 融通运用

一、讲一讲

牧童逮狼

清·蒲松龄

两牧童入山至狼穴，穴中有小狼二。谋分捉之，各登一树，相去①数十步。少顷，大狼至，入穴失子，意甚仓皇。童于树上扭小狼蹄、耳，故令嗥。大狼闻声仰视，怒奔树下，且号且抓。其一童又在彼树致小狼鸣急。狼闻声四顾，始望见之；乃舍此趋②彼，号抓如前状。前树又鸣，又转奔之。口无停声，足无停趾，数十往复，奔渐迟，声渐弱；既而奄奄③僵卧，久之不动。童下视之，气已绝矣。

二、读一读

瓜田里的 "俘虏"

阎成岭

①晚霞抹红了天际，瓜果的香味笼罩着河畔的小村庄。

②"二麻子，快点儿，地里只剩下黑妮儿一个人啦。"我小声耳语道，拉

———————

① 去：距离。
② 趋：奔向，追求。
③ 奄奄：呼吸微弱的样子。

着二麻子顺着渠沟爬。

③"花虎在瓜棚呢!"

④"胆小鬼!跟刘爷爷回村了。嘘——"

⑤我们蹑手蹑脚地爬进瓜地,哪里顾得上生熟,专挑大个的摘。刘爷爷种的瓜真大呀,我使出吃奶的劲儿才抱起来,刚走两步就"扑通"一声摔倒了,西瓜滚了老远。二麻子一见大事不妙,抱个小瓜,扔下我就逃走了。

⑥"谁呀?爷爷?!"还没等狼狈不堪的我站起来,黑妮儿已跑到我跟前,"是柱子哥!我当是谁呢!趴在地上干啥呢?"

⑦"我……我……来逮蚂蚱。"

⑧"嘻嘻,真傻。天这么黑,能看见吗?"

⑨"我……我回家拿电筒!"我想溜。

⑩"跟我玩会儿吧,我给你切个大西瓜。爷爷种的瓜可甜了。"黑妮儿说着把我拉到瓜棚里。

⑪瓜棚里散发着艾蒿的浓香,几个大西瓜占了小棚子的一半地方。黑妮儿推过一个,一刀砍开,捧给我,"吃吧,这是爷爷专门给你留的,爷爷说你今年懂事了,不糟蹋瓜了,还帮爷爷干活儿。"

⑫"我……我不……"我拔腿就跑,真想找个地缝儿钻进去。

⑬"唉!柱子哥!给你瓜——"

⑭我头也不回地跑着,回到村里,找到二麻子。他正唏哩呼噜地啃西瓜呢。我一把将瓜夺过来,狠狠地摔在墙上,他吓得愣愣地看着我,不敢吭声。我狠狠地瞪他一眼,"以后再偷刘爷爷的瓜,我打掉你的门牙!"

能力测试:

1. 《瓜田里的"俘虏"》一文中有动静变化的描写吗?如果有,作者是怎么写的呢?

_____

2. 围绕第五自然段"蹑手蹑脚"一词,请你试着用一连串的动词写一段话。

_____

思维导图理思路：

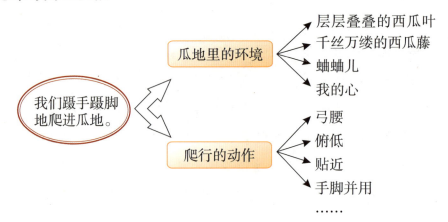

三、写一写

写一写自己或他人捉虫子、抓鸟等之类的经历，用心把过程写具体写生动，能用上动静结合的方法更好。（约 400 字左右）

四、记一记

村 居

清·高鼎

草长莺飞二月天，拂堤杨柳醉春烟。

儿童散学归来早，忙趁东风放纸鸢。

宿新市徐公店

宋·杨万里

篱落疏疏一径深，树头花落未成阴。

儿童急走追黄蝶，飞入菜花无处寻。

池 上

唐·白居易

小娃撑小艇，偷采白莲回。

不解藏踪迹，浮萍一道开。

第二章 美女

 经典溯源

诗经·国风·周南·桃夭

（节选）

桃之夭夭①，
灼灼其华②。
之子③于归④，
宜其室家。

题都城⑤南庄

唐·崔护

去年今日此门中，
人面⑥桃花相映红。
人面不知何处去，
桃花依旧笑⑦春风。

【注释】

①夭夭：桃花怒放的样子。
②华：古"花"字。
③之子：这位姑娘。
④于归：出嫁。古代把丈夫家看作
　女子的归宿，故称"归"。
⑤都：国都，指唐朝京城长安。
⑥人面：一个姑娘的脸。第三句中
　"人面"指代姑娘。
⑦笑：形容桃花盛开的样子。

【释读】

桃 夭

桃树茂盛枝芽嫩，鲜艳闪亮粉红花。这位姑娘要出嫁，和和美美来持家。

题都城南庄

去年的今天，正是在长安城郊南庄的这户人家门口，姑娘你那美丽的面庞和盛开的桃花交相辉映，显得分外绯红。时隔一年的今天，故地重游，姑娘你那美丽的倩影，已不知去了哪里，只有满树桃花依然在和煦的春风中绽开美丽的笑颜。

字　形	灼　焯　灼
偏　旁	火
字　音	zhuó
本　义	烧
引申义	①亮； ②明白，透彻。
相关字	灿、烂、灾、炉、炙、烤
词　语	灼烧：焚烧。 焦灼：原指用火烧而烧焦，现指心情急切，非常着急，焦躁忧虑。
成　语	真知灼见：正确的认识和透彻的见解。

方法探幽

（一）形容词

1. 夭夭：盛开、怒放，花瓣完全绽开的样子。用这个词来形容一朵花最美丽的时刻。在此之前，这朵花从花苞开始，慢慢张开它的花瓣，在此之后，它的花瓣开始慢慢干瘦、萎蔫。唯有此刻，是生命中的极致、顶峰。此前所有的时间都在积累和等待，此后所有的时间都将渐渐黯淡。仿佛积聚所有的力量在这一刻，瞬间释放，给人如闪电惊雷般的震撼和惊艳。这就是新娘的美。在此之前她是羞涩的少女，在此之后她是端庄的主妇，都有所保留有所收敛，唯有这一刻，她尽情放肆地展示生命的热烈和激越、风姿和光彩。这个词，挑选的是一朵花生命中最灿烂的时间节点，对应的是一个女子生命中最亮丽的时间节点，这两个时间节点对这两个生命的意义是相同的，那就是美的极致、巅峰。

008

2. 灼灼：灼，烧。与"烧"这个动作相伴随的形象特征有：明亮、红艳、热烈、闪耀。而与这些词相伴随人物形象特征则有：红润、鲜艳、光辉、明亮、青春、明媚、耀眼。与此相伴随的心理情感则是：热情、喜悦、喜庆。用这个词来形容桃花，桃花又是用来比喻新娘的，那么新娘就具有了这些特征。有一个词叫"热情似火"，热闹喜庆的婚礼场面，明媚娇艳的新娘，让一切都充满了喜悦和希望。

（二）比喻

桃花：用桃花来比喻新娘、少女。

新娘如同"夭夭灼灼"的桃花，少女如同"春风中的桃花"。把面色红润明媚热情的姑娘比喻成桃花，有春花初开的清新和希望，有春日阳光的温暖明丽，有阳春清风的轻柔和煦。

 融通运用

一、讲一讲

登徒子①好色赋②（节选）

楚·宋玉

天下之佳人莫若楚国，楚国之丽者莫若臣③里④，臣里之美者莫若臣东家之子。东家之子，增之一分则太长，减之一分则太短；著⑤粉则太白，施⑥朱则太赤；眉如翠羽，肌如白雪；腰如束素⑦，齿如含贝；嫣然一笑，惑阳城⑧，迷下蔡⑨。

---

① 登徒子：登徒，复姓，子，古代男子通称。
② 赋：一种文体。
③ 臣：官吏对君主自称。
④ 里：街坊。古代五家为邻，五邻为里。
⑤ 著：加上。
⑥ 施：把某些东西加在物体上。
⑦ 素：洁白的绢。
⑧ 阳城：古楚国地名。
⑨ 下蔡：古楚国地名。

二、读一读

（一）边城（节选）

沈从文

翠翠在风日里长养着，把皮肤变得黑黑的，触目为青山绿水，一对眸子清明如水晶。自然既长养她且教育她，为人天真活泼，处处俨如一只小兽物。人又那么乖，如山头黄麂^①一样，从不想到残忍事情，从不发愁，从不动气。平时在渡船上遇陌生人对她有所注意时，便把那光光的眼睛瞅着那陌生人，作成随时都可举步逃入深山的神气，但明白了面前的人无机心后，就又从从容容的来完成任务了。

（二）阿河（节选）

朱自清

阿河有一套和云霞比美，水月争灵的曲线，织成大大的一张迷惑的网。而那两颊的曲线，尤其甜蜜可人。她两颊是白中透着微红，润泽如玉。她的皮肤，嫩得可以掐出水来。她的眼像一双小燕子，她的笑最使我记住，像一朵花漂浮在我的脑海里。我不是说过，她的小圆脸像正开的桃花么？那么，她微笑的时候，便是盛开的时候了：花房里充满了蜜，真如要流出来的样子。

（三）沙扬娜拉

——致日本女郎

徐志摩

最是那一低头的温柔，

像一朵水莲花不胜凉风的娇羞，

道一声珍重，道一声珍重，

那一声珍重里有蜜甜的忧愁——

沙扬娜拉！

---

① 麂：音几，鹿科的一类，善跳跃。因天性胆小，有点风吹草动就反应过激。

能力测试：

1. 认真读文后，请将文中女子和作者所比拟的物象连起来。

   翠翠   桃花

   阿河   水莲花

   日本女郎   黄麂

2. 读完这组文本，想一想，说一说，作者选取的物与所喻的人有什么关联？请在短文中找到答案。

   _____

3. 这三段文字，都暗藏着作者丰富的情感，你能品出来吗？请用文字表达出来。

   _____

三、写一写

牵牛花、荷花、梨花、郁金香……这些花让你想起身边的哪些女子呢？草木有情，花有花语，让我们一起来了解一下其他花吧。

百合花：纯洁、高贵

康乃馨：慈祥温馨的母爱

栀子花：娴雅

风信子：重生、凝聚生命力

水仙：多情、美好

牡丹：圆满、富贵

鸡冠花：坚强

海棠花：朴素自然、清净纯洁

雏菊：天真、幼稚、纤细

茉莉花：清芳优雅、冰莹秀丽

松、梅、竹、菊：高洁典雅"四君子"

……

读诗的小朋友，请你想一想，可以用一种什么样的花来比拟自己或身边的人呢？一定要比喻恰当哟。（抓住人物外貌、性情或品行等特点，写一个约200字的片段作文）

四、记一记

林黛玉

两弯似蹙①非蹙罥烟眉②，一双似喜非喜含情目。态生两靥③之愁，娇袭一身之病。泪光点点，娇喘微微。闲静时如姣花照水，行动处似弱柳扶风。心较比干多一窍，病如西子胜三分。（曹雪芹《红楼梦》）

孔雀东南飞

汉·乐府

足下蹑④丝履⑤，头上玳瑁⑥光。

腰若流纨素⑦，耳著明月珰⑧。

指如削葱根，口如含朱丹。

纤纤作细步，精妙世无双。

诗经·卫风·硕人 (节选)

手如柔荑⑨，肤如凝脂⑩，领如蝤蛴⑪，齿如瓠犀⑫，螓⑬首蛾眉，巧笑倩兮，美目盼兮。

---

① 蹙：音 cù，皱（眉）；收缩。
② 罥：音 juàn，缠绕。罥烟眉，眉像空中的一抹轻烟。
③ 靥：音 yè，酒窝，面颊上的微窝。
④ 蹑：音 niè，踩。
⑤ 履：音 lǚ，鞋。
⑥ 玳瑁：音 dài mào，一种外形像龟的爬行动物，背有甲壳，甲壳有褐色和淡黄色相间的花纹，可以做各种装饰品、首饰。此处指用玳瑁片做成的首饰。
⑦ 纨素：纨，音 wán，洁白精致的细绢。
⑧ 珰：音 dāng，耳环。
⑨ 柔荑：荑，音 tí，植物初生的嫩芽。
⑩ 凝脂：凝冻的脂肪，比喻光洁白润的皮肤。
⑪ 蝤蛴：音 qiú qí，古书上天牛的幼虫。
⑫ 瓠犀：瓠，音 hù，瓠瓜的子。
⑬ 螓：音 qín，古书上说的一种蝉，比较小，方头广额，身体绿色。

第三章　老人

经典溯源

诮^① 山中叟^②

唐·施肩吾

老人今年八十几，

口中零落残牙齿。

天阴伛偻^③带咳行，

犹向岩前种松子。

照镜见白发

唐·张九龄

宿昔^④青云^⑤志，

蹉跎^⑥白发年。

谁知明镜里，

形影自相怜。

【释读】

诮山中叟

老人今年已经八十几岁了，口中的牙齿都已经残缺零落。天气阴冷，但他依旧弯着腰驼着背，一边咳嗽一边走，去到山中岩前种松子。

照镜见白发

昔日满腔的壮志，可惜光阴虚度，转眼已到白发之年。又有谁能理解，独坐镜前的我，形影相怜的心情呢？

【注释】

①诮：音 qiào，责备，讥讽。这里是一种善意的责备。

②叟：音 sǒu，老人。

③伛偻：音 yǔ lǚ，腰背弯曲。

④宿昔：过去。

⑤青云：高远的志向。

⑥蹉跎：时间白白地过去。

识文解字

字 形	诮
偏 旁	讠 〔篆字〕 言
字 音	qiào
本 义	责备。
引申义	讥讽。
相关字	讥、讽、议、论、训、讯
词 语	讥诮：冷言冷语地嘲讽。 夸诮：夸说和调侃。
成 语	贻诮多方：受到各方面的指责。

战国铜器上的吹箫手

 方法探幽

（一）精准细节

牙齿零落、伛偻、咳、白发

在作文中，要尽量少一些符号化、抽象化的词语，让文章充满感官层面的细节，让文字变成可看、可听、可嗅和可触摸的形象。是写一个人，不是写一类人，运用我们的眼睛、耳朵等感官，把属于这个人的具体形象展现出来。

施肩吾诗中的老人，就不是一个抽象的老人，他是牙齿零落的、伛偻的、白发的、咳嗽着的，让读者感觉如在眼前。

（二）"画"出人物

细节如何表现？

就如同你是在用画笔画这个对象，你选择的颜色，你勾勒的线条，你重点表现的部分，就是写作时用语言说出来的部分。

稀疏的牙齿、伛偻的腰、白色的头发，就是画面的突出内容，写作时，就要用语言来"画"这些细节。

随便画一个人物，用箭头指着他，标注两个字——老人。这叫贴标签，看图的人不会认同。文章如果没有对老人的细节描摹，而直接说他是一个"年老的人""风烛残年的人""年迈多病的人"等，都不能让读者有真切感受。又比如写女子，就很少是直称的，而是用一些丰富的感官词语，比如蛾眉、粉黛、罗裙等。

所以，我们作文时，要善于把对象"画"出来，在平时多做一点即兴的素描，如为身边的一只猫写一段文字。

 融通运用

一、讲一讲

张良拾履

良尝①闲从容步游于下邳②圯③上，有一老父，衣④褐，至良所⑤，直堕⑥其履⑦圯下，顾谓良曰："孺子⑧，下取履！"良愕然，欲欧⑨之。为其老，强忍，下取履。父曰："履⑩我！"良业⑪为取履，因长跪⑫履之。父以足受，笑而去。

----

① 尝：曾经。
② 下邳（pī）：古地名。
③ 圯（yí）：桥。
④ 衣：穿。
⑤ 所：地方，处所。
⑥ 堕：掉下来，坠落。
⑦ 履：鞋。
⑧ 孺子：孺，音 rú，小孩子或年轻人。
⑨ 欧：通"殴"，殴打。
⑩ 履：穿鞋。
⑪ 业：既、已经。
⑫ 长跪：古代的一种礼节，指直身而跪，其礼节较轻。

良殊⑬大惊，随目⑭之。父去里所⑮，复还，曰："孺子可教矣。后五日平明，与我会此。"良因怪⑯之，跪曰："诺。"五日平明，良往。父已先在，怒曰："与老人期⑰，后，何也？"去，曰："后五日早会。"五日鸡鸣，良往。父又先在，复怒曰："后，何也？"去，曰："后五日复早来。"五日，良夜未半往。有顷，父亦来，喜曰："当如是⑱。"出⑲一编书，曰："读此则为王者师矣。后十年兴，十三年孺子见我济北，谷城山下黄石即我矣。"遂去，无他言，不复见。旦日⑳视其书，乃《太公兵法》也。良因异之，常习诵读之。

（《史记·留侯世家》）

二、读一读

老海棠树 （节选）

史铁生

奶奶和一棵老海棠树，在我的记忆里是不能分开的，因为奶奶一生一世都在那棵老海棠树的影子里张望。

老海棠树近房高的地方，有两条粗壮的枝丫，弯曲如一把躺椅。儿时我常爬上去，一天天地在那儿玩。奶奶在树下喊："下来吧，你就这样一天到晚待在上头？"是的，我在那儿看小人书、射弹弓、甚至写作业……奶奶只是站在地上，站在老海棠树下，望着我。

春天，老海棠树摇动满树繁花，摇

---

⑬ 殊：特别，很。
⑭ 目：看。
⑮ 所：左右。
⑯ 怪：觉得奇怪。
⑰ 期：约定。
⑱ 是：这样。
⑲ 出：拿出。
⑳ 旦日：天亮。

落一地雪似的花瓣。奶奶坐在树下糊纸袋，不时冲我唠叨："就不说下来帮帮我？这回活儿紧！"我说："有我爸妈养着您，您干嘛这么累啊？"奶奶不再吭声，直起腰，喘口气。

夏天，老海棠树枝繁叶茂。奶奶坐在树下的浓荫里，又不知从哪儿找来了补花的活儿，戴着老花镜，一针一线地缝。天色暗下来时她冲着我喊："你就不能去洗洗菜？没见我忙不过来吗？"我跳下树，洗菜，胡乱一洗了事。奶奶把手里的活儿推开，一边重新洗菜一边说："我这一辈子就得给你们做饭？就不能有我自己的工作？"我不敢吭声。奶奶洗好菜又重新拿起针线，有时从老花镜上缘抬起目光，有时又会有一阵子愣愣地张望。

有年秋天，老海棠树照旧落叶纷纷。天还没亮时，奶奶就主动起来扫院子，"刷拉——刷拉——"邻居都还在梦中。那时她已经腰弯背驼，我大些了，听到声音急忙跑出去说："您歇着吧，我来。"可这回奶奶不要我帮："咳，你呀！还不懂吗？我得劳动。"她扫完院子又去扫街了。

我这才明白，奶奶不让自己闲着，她不是为了挣钱，为的是劳动。什么时候她才能像爸妈那样，有一份工作呢？大概这就是她的张望吧。不过，这张望或许还要更远大些——她说过："得跟上时代。"

能力测试：

1. 请按照季节变化的顺序，概括出文中"奶奶"所做的事情。

_____

2. 请用"＿＿"勾画出文中"奶奶"的语言，用"﹏﹏"勾画出文中"奶奶"的动作，你觉得这是一位怎样的老人呢？

_____

3. 想一想，下面的诗句和词语该怎样归类？你有什么发现么？

最喜小儿无赖，溪头卧剥莲蓬。

吾年未四十，而视茫茫，而发苍苍，而齿牙动摇。

和羞走，倚梅回首，却把青梅嗅。

鹤发童颜　亭亭玉立　老态龙钟　虎头虎脑　满头银发　婀娜多姿

白净柔嫩　风度翩翩

老人：_____

年轻人：_____

儿童：_____

三、写一写

歌德说：多去观察身边的事物，去临摹它们，发现它们的细节。请你拿起笔，如实地去记录你身边的一位老人，如婆婆爷爷、邻居老人等。用一两件让你印象深刻的事记录下他们的外貌、语言、动作，为他们画张像吧。（400字左右）

四、记一记

酬乐天扬州初逢席上见赠

唐·刘禹锡

巴山楚水凄凉地，二十三年弃置身。

怀旧空吟闻笛赋，到乡翻似烂柯人。

沉舟侧畔千帆过，病树前头万木春。

今日听君歌一曲，暂凭杯酒长精神。

山耕叟

唐·韦应物

萧萧垂白发，默默诣知情。

独放寒林烧，多寻虎迹行。

暮归何处宿，来此空山耕。

第四章　少年

经典溯源

采莲曲

唐·崔国辅

玉溆①花争发，
金塘②水乱流。
相逢畏③相失，
并著木兰舟④。

少年行 【其三】

唐·王维

一身能擘⑤两雕弧⑥，
虏骑⑦千重只似无。
偏坐金鞍调白羽⑧，
纷纷射杀五单于⑨。

【释读】

采莲曲

塘水清澈，岸上的花争相开放。阳光洒在水面上，像铺了一层金色的纱。采莲女邂逅了如意郎，担心错过了再也见不着了。水面上两只小舟并排划行，荡荡悠悠，在田田的荷叶之间。

少年行

一人能拉开两张雕刻精美的大弓，敌人的骑兵包围了千重万重，也毫不畏惧。他偏坐在马鞍上，弯弓搭箭，霹雳弦惊，敌人的首领一个个应声落马。

【注释】

①溆（xù）：指水塘边。玉溆，玉光闪闪的水塘边。
②金塘：形容阳光照在池塘的水面上。
③畏：怕，担心。
④木兰舟：用木兰树造的船。形容精美。
⑤擘（bò）：张，分开。一作"臂"。
⑥雕弧：饰有雕画的良弓。
⑦虏骑（jì）：敌人的骑兵。
⑧白羽：指箭，尾部饰有白色羽翎。
⑨五单于：单于，音 chán yú，原指汉宣帝时匈奴内乱争立的五个首领。汉宣帝时，匈奴内乱，自相残杀，诸王自立分而为五。这里比喻骚扰边境的少数民族诸王。

识文解字

字　形	弧			
偏　旁	弓	ﻪ　ﻪ　弓　弓		
字　音	gōng			
本　义	木弓。			
引申义	圆周上的任意一段，弯曲的形状。			
相关字	引、弹、弘、弦、弢（箭袋子）			
词　语	飞弧：利箭。 操弧：持弓发箭。			
成　语	桑弧蓬矢：古代男子出生时，射人（掌管射箭礼法的人）用桑木做的弓，蓬草做的箭，射向天地四方，表示有远大志向。 悬弧之庆：指男子的生日。			

 方法探幽

（一）从旁点染

我们写一个对象，除了去抓取它的细节之外，还可以从旁点染，用一些暗示、烘托的办法。诗歌《采莲曲》，并没有向我们描述并舟晚归的两个人是怎样的长相，但是，作者却通过"金塘""玉溆"这两个华美的意象，引导我们去想象这江南莲塘里的这对男女。这不失为一种聪明的办法。就像我们写一个美人，当然可以写她手指如何、颈项如何、穿戴如何、眼眸如何等，但是也可以从旁边的细节入手，比如写房间里的东西（帘帏、纱帐、琴瑟、妆镜等）。

如"美人卷珠帘，深坐颦蛾眉。但见泪痕湿，不知心恨谁。"（《怨情》）中的"珠帘"，用珠帘的形象点染美人的形象。试想想把"珠帘"换成"草帘""丝帘""铁帘""窗帘"产生的对美人想象的变化，可以感知"珠"的圆润、晶莹、闪亮对美人形象的点染作用。

又如"薄雾浓云愁永昼，瑞脑消金兽。佳节又重阳，玉枕纱橱，半夜凉初透"。

（二）侧面烘托

或者写旁人的感受。

比如古代的民歌就曾这样描述过一个叫"秦罗敷"的女子："行者见罗敷，下担捋髭须。少年见罗敷，脱帽著帩头。耕者忘其犁，锄者忘其锄。"走路的人看见罗敷，放下担子捋着胡子注视她；年轻人看见罗敷，禁不住脱帽重整头巾，希望引起罗敷对自己的注意；耕地的人忘记了自己在犁地；锄地的人忘记了自己在锄地。以致农活都没有干完，回来后相互埋怨，只是因为被罗敷的美貌所吸引。罗敷到底长怎样呢？你自己去想吧。

 融通运用

一、讲一讲

1. 闻鸡起舞

（祖）逖少孤①，然轻财好侠，慷慨有节尚。后乃博览书记，该②涉古今。与司空③刘琨④俱为司州⑤主簿⑥，情好绸缪⑦，共被同寝。中夜闻荒鸡鸣，蹴⑧琨觉曰："此非恶声⑨也。"因起舞⑩。逖以社稷⑪倾覆，常怀振复之志。（《晋书·祖逖传》）

---

① 孤：年少失去父亲。
② 该：广博。
③ 司空：中国古代官名。
④ 刘琨：晋朝政治家、文学家、音乐家和军事家。
⑤ 司州：古地名。
⑥ 主簿：州、府长官的佐僚，主管文书的官员。
⑦ 绸缪：音 chóu móu，交情深切。
⑧ 蹴：音 cù，用脚踢。成语有"一蹴而就"，此"蹴"引申为轻易的举动。
⑨ 此非恶声：古人认为半夜鸡鸣是不祥之兆，祖逖不这么认为。
⑩ 舞：舞剑习武。
⑪ 社稷：社，土神；稷，音 jì，谷神。社稷就指土神和谷神。古时君主都祭祀社稷，后来就用社稷代表国家。

二、读一读

少年闰土 （节选）

鲁　迅

　　深蓝的天空中挂着一轮金黄的圆月，下面是海边的沙地，都种着一望无际的碧绿的西瓜。其间有一个十一二岁的少年，项带银圈，手捏一柄钢叉，向一匹猹尽力地刺去。那猹却将身一扭，反从他的胯下逃走了。

　　这少年便是闰土。我认识他时，也不过十多岁，离现在将有三十年了；那时我的父亲还在世，家景也好，我正是一个少爷。那一年，我家是一件大祭祀的值年，忙不过来，我家的忙年便对父亲说，可以叫他的儿子闰土来管祭器的。

　　我的父亲允许了；我也很高兴，因为我早听到闰土这名字，而且知道他和我仿佛年纪，闰月生的，五行（xíng）缺土，所以他的父亲叫他闰土。他是能装弶（jiàng）捉小鸟雀的。

　　我于是日日盼望新年，新年到，闰土也就到了。好容易到了年末，有一日，母亲告诉我，闰土来了，我便飞跑地去看。他正在厨房里，紫色的圆脸，头戴一顶小毡（zhān）帽，颈（jǐng）上套一个明晃晃的银项圈（quān），这可见他的父亲十分爱他，怕他死去，所以在神佛面前许下愿心，用圈子将他套住了。他见人很怕羞，只是不怕我，没有旁人的时候，便和我说话，于是不到半日，我们便熟识了。

能力测试：

1. 用"＿＿＿"画出描写闰土外貌的句子。"紫色的圆脸""头戴一顶小毡帽"说明他处于什么样的生活状态？

_____

2. 找出第一自然段环境描写中描写颜色的词语。在这些词的烘托点染下，闰土的形象在你的心目中有了什么变化？

_____

三、写一写

用侧面烘托的方法写一个"老师精彩讲课"的片断。（200字左右）

四、记一记

金缕衣

唐·佚名

劝君莫惜金缕衣，

劝君惜取少年时。

有花堪折直须折，

莫待无花空折枝。

马 诗

唐·李贺

大漠沙如雪，燕山①月似钩②。

何当金络脑③，快走踏清秋。

少年行

唐·令狐楚

家本清河住五城，须凭弓箭得功名。

等闲飞鞚秋原上，独向寒云试射声。

---

① 燕山：北方山名。

② 钩：弯刀，一种古代兵器，形式月牙。

③ 金络脑：用黄金装饰的马笼头，说明马具的华贵。

第五章　侠客

 经典溯源

结袜子①

唐·李白

燕南壮士②吴门豪③，
筑④中置铅鱼隐⑤刀。
感君恩重许君命，
太山一掷轻鸿毛⑥。

剑　客⑦

唐·贾岛

十年磨一剑，霜刃⑧未曾试。
今日把示君⑨，谁有不平事?

【释读】

结袜子

古代像高渐离、专诸一样的侠客，他们在筑中藏铅鱼腹藏刀，各尽巧智勇力，奔赴他们的使命。感激君王的知赏之恩，重视承诺，把生命看得比鸿毛还轻。

剑　客

十年才磨好了一把剑，剑刃寒光烁烁，还从未饮血试人。今天寒泉出鞘，示于君前，试问：谁有不平之事?

【注释】

①结袜子：乐府旧题。
②燕南壮士：指战国时燕国侠士高渐离。
③吴门豪：指春秋时吴国侠士专诸。
④筑：为古代一种打击乐器。筑中置铅：指高渐离在筑中暗藏铅块伏击秦始皇。
⑤隐：藏。鱼隐刀，指专诸想在宴席上刺杀吴王僚，他把刀藏在烤鱼的肚子里，把鱼献到吴王僚面前，在掰开鱼的一刹那，拔出刀刺杀了吴王僚。
⑥太山一掷轻鸿毛：太山，即泰山。此句谓为知己不惜舍命相报。太山，比喻性命。
⑦剑客：行侠仗义的人。
⑧霜刃：形容剑锋寒光闪闪，十分锋利。
⑨把示君：拿给您看。

识文解字

刀布

字　形	<image-text>𠁣　刀　刃</image-text>
偏　旁	刀
字　音	rèn
本　义	刀的刃部加一点，作为指事符号，表明刀的锋利部分。
引申义	刀、杀。
相关字	利、删、刖、创、剐、劓
词　语	白刃：①锋利的刀剑，利刃；②带刀的人；③战争。 伏刃：用刀剑自杀。
成　语	游刃有余：刀刃运转于骨节空隙中，有回旋的余地。比喻工作熟练，有实际经验，解决问题毫不费事。 兵不血刃：兵，武器；刃，刀剑等的锋利部分。兵器上没有沾上血。形容未经战斗就轻易取得了胜利。 蹈刃不旋：蹈，踩；刃，刀刃；旋：回旋。面临危险而不犹豫不返回。

方法探幽

（一）专属特征

①筑中铅、鱼腹刀、霜刃剑。

这是英雄、侠客的武器。这武器分别有其特征，击打的铅块藏在乐器筑中，行刺的刀藏在食物鱼的肚子里，这是刺客勇敢、机智、细心的展现。徒逞武力是不足以成就英雄的，要智勇双全才是英雄本色。霜刃剑不是一般的剑，是寒光闪闪、正气冲天、豪气干云的象征。

②君恩重性命轻、"谁有不平事"。

"君恩重性命轻"，这是"知恩报、重然诺"；"路见不平拔刀相助"是铁肩担道义。这种思想和行为正是侠义精神特征的体现。

"谁有不平事"以人物语言的形式直接呈现，英雄侠客的形象跃然纸上。

在写人物时，人物的语言要有人物的特点：职业、性格、年龄等。换句话说，语言不仅仅是用来交流信息的，而且还是用来刻画人物的。

比如鲁迅笔下有一个叫孔乙己的落魄书生，有一回在咸亨酒店吃酒，有调皮的小孩争吃他下酒的茴香豆，他的语言就很经典："多乎哉，不多也。"你看，是不是一个迂腐的酸秀才通过一句话就活起来了呢？如果作者不注意语言刻画人物的功能，而是普普通通地一句"留点吧，我已经剩得不多了"，效果就差之千里了。

融通运用

一、讲一讲

专诸①刺王僚②

四月丙子③，光④伏⑤甲士⑥于窟室⑦中，而具⑧酒请王僚。王僚使兵陈⑨自宫至光之家，门户阶陛左右，皆王僚之亲戚也。夹立⑩侍⑪，皆持长铍⑫。酒既酣，公子光详⑬为足疾，入窟室中，使专诸置匕首鱼炙⑭之腹中而进之。既至王前，专诸擘⑮鱼，因以匕首刺王僚，王僚立死。左右⑯亦杀专诸，王人扰乱。

（《史记·刺客列传》）

二、读一读

钽麑⑰

钽麑是晋国的力士，也是春秋时著名的义士。他受晋灵公的差遣，去刺杀朝中忠臣赵盾。作为一个死士、一个晋灵公的亲信，他必须完成任务。可当钽麑看见清晨早早起身、冠带整齐的赵盾时，他愧疚了！

赵盾是一个为国为民的人呀！只见他夙夜忧劳，困顿时只能在席子上坐

---

① 专诸：春秋时刺客，吴国人，吴国公子光（即吴王阖闾）的门客，他替公子光刺杀了当时的吴王僚，公子光由此自立为王，即吴王阖闾。
② 王僚：吴国国君吴王僚。姬姓，吴氏，名僚，吴王夷昧之子，春秋时吴国第23任君主。
③ 丙子：干支纪年中用来计年计时的词语。
④ 光：吴国的公子光，后来的吴王阖闾。
⑤ 伏：隐藏。
⑥ 甲士：披甲的战士。泛指士兵。
⑦ 窟室：地下室。
⑧ 具：备，办。
⑨ 陈：排列，摆设。
⑩ 夹立：夹道站立。
⑪ 侍：伺候，在旁边陪。
⑫ 长铍：铍，音 pī，亦作"长钰"，古兵器之一。剑属，长形，两面有刃。
⑬ 详：同"佯"，假装。
⑭ 鱼炙：食品，烧烤的整鱼。
⑮ 擘：音 bò，分开；剖裂。
⑯ 左右：近臣；随从。
⑰ 钽麑：音 chú ní。

着打一个盹，一会儿就要起身上朝，有无数的事情等着他去决断。而晋灵公呢，每天不务正业，更不知爱惜百姓，喜欢在高台上用弹弓射伤百姓。赵盾劝谏他，他就怨恨赵盾，要置他于死地。

赵盾全然不知危险来袭。死神站在门口对他灼灼而视。他在朦胧中想的是，今日又该如何上朝陈奏，冲破阻力，使那些有利于国、有利于民的政令得以下达、实施。同时还要继续努力劝谏君王，使他认识到自己的错误，改正自己的恶习。

鉏麑握着短刀，看着洞开的大门、闪烁的烛火，他迟疑了。在光明坦荡的赵盾面前，他觉得自己和晋灵公都是那么卑鄙龌龊，以至于脚都不能抬起。

他可以轻易地进去杀死赵盾，可是他无法面对自己的良心，赵盾不只是一个好人而已！他是这个岌岌可危的国家真正的支柱，是百姓的希望。有他在，至少晋灵公的胡作非为会得到遏制。没有了他，国家会更加一塌糊涂吧！

他怎么能够听凭一个昏君的摆布，摧毁国家的中流砥柱呢？他心想："主上，我不能完成你的任务。大人，我不能对你下手。看着我的尸体，希望你能有所警惕吧，大人。"

既要忠于君，又不能背于义，鉏麑只有以死明志了！于是他撞死在槐树底下。

能力测试：

1. 请用"＿＿"画出描写鉏麑心理活动的语句，想一想他是一位怎样的侠客呢？

＿＿＿＿＿＿＿＿＿＿＿＿＿＿＿＿＿＿＿＿＿＿＿＿＿

2. 如果鉏麑有机会说话，他会对赵盾说什么呢？对晋灵公又说什么呢？请通过想象把他的话写出来。

＿＿＿＿＿＿＿＿＿＿＿＿＿＿＿＿＿＿＿＿＿＿＿＿＿

三、写一写

你身边有没有说话很有特点的人呢？请记录下一段最能突出他（她）性格特点的话。（200 字左右）

四、记一记

易 水

唐·骆宾王

此地别燕丹，壮士发冲冠。

昔时人已没，今日水犹寒。

少年行

唐·王维

新丰美酒斗十千，咸阳游侠多少年。

相逢意气为君饮，系马高楼垂柳边。

第六章 杜鹃

 经典溯源

闻子规①

唐·雍陶

百鸟有啼时,

子规声不歇。

春寒四邻静,

独叫三更月。

子规一首

唐·陆龟蒙

碧竿②微露月玲珑,

谢豹③伤心独叫风。

高处已应闻滴血,

山榴④一夜几枝红。

【释读】

闻子规

百鸟有啼鸣的时候也有不啼鸣的时候,可是杜鹃啼鸣一直不停不歇。在早春寒冷依旧四邻寂静的时候,在三更夜里,月色清冷,它独自啼鸣。

子规一首

月亮明洁清亮的晚上,月色洒在竹枝上,杜鹃伤心的啼鸣孤独地在晚风中响起。在高高的地方应该听得见它啼鸣出了鲜血,山上的杜鹃花,一夜之间,被它的鲜血染红了好几枝。

【注释】

①子规:杜鹃鸟的别称。除了"子规"外,杜鹃鸟的别称还有:布谷鸟、杜宇、催归、谢豹、鶗鴃(tí jué)、知更鸟、催工鸟。
②碧竿:竹子。
③谢豹:见注释①。
④山榴:杜鹃花。

识文解字

字　形	甾　間　聞　聞　闻
偏　旁	门
字　音	wén
本　义	面朝右的人形，头上有一只大耳朵，即"听"。
引申义	①听见；②听到的事，消息；③知识；④用鼻子辨别气味。
相关字	听 在古代"听"是听的行为，"闻"是听的结果。如"心不在焉，听而不闻"。
词　语	丑闻：因涉嫌罪恶、不名誉或不道德等行为而使舆论大哗、激起公愤的事件。 风闻：传闻得知，经传闻得知的消息。
成　语	闻风而逃：风，风声。听到风声，立即逃跑。 闻过则喜：过，过失；则，就。听到别人批评自己的缺点或错误，就表示欢迎和高兴。指虚心接受意见。

 方法探幽

（一）声音

1. 杜鹃的栖息特征：

杜鹃又叫布谷鸟、杜宇、子规、催归、谢豹、鹈鴂（tí jué）。它总是朝着北方鸣叫，六七月鸣叫声更甚，昼夜不止，发出的声音极其哀切，听起来像"不如归，不如归"，所以叫杜鹃啼归。杜鹃栖息于植被稠密的地方，生性胆怯，常闻其声而不见其形。因而杜鹃鸟少为人见，人们熟悉的是它的声音，于是，人们描述的也是它的声音，用来体现它的悲伤也是它的声音。

2. 声音特征：

不歇、春寒、四邻静、独叫、三更月、伤心、滴血

叫声连绵不断，叫声很悲戚；叫声在春天，在寂静的深夜，在空旷的田野；独自叫，没有应和，叫声很孤独；叫得吐出鲜血来，吐出的鲜血很多。

（二）用典

引用古籍中的故事或词句，为用典。

杜鹃的传说故事：

望帝啼鹃

蜀地有王名叫杜宇，他教授民众进行农业生产。杜宇称帝后，号称"望帝"，遇上蜀地有水灾，他的国相开明（人名），掘开了玉垒山疏通水道解除了水灾，望帝于是将国家政事委托给他，其后又效法尧舜禅让的德行，把帝位禅让给了开明，望帝于是到西山上隐居。当时正是二月杜鹃鸟鸣叫之时，因此蜀地的民众听到杜鹃鸟鸣叫就为望帝感到悲伤。

望帝化鹃

杜宇临死时，嘱咐西山的杜鹃说："杜鹃鸟，你叫吧，把我的心情，叫给人民听吧。"从此，杜鹃就飞在蜀国境内，日夜哀鸣，直到它口里啼出鲜血来，鲜血掉到地上变成了杜鹃花。

望帝生前爱护人民，死了仍然惦念百姓的生活。每到清明、谷雨、立夏、小满，杜鹃鸟就飞到田间一声声地鸣叫。人们听见这种声音，都说："这是我们的望帝杜宇啊！"于是相互提醒：是时候了，快播种吧。或者说：是时候了，快插秧吧。人们因此又把杜鹃叫作知更鸟、催工鸟。现在成都附近的郫县，有一座很古的庙宇——望丛祠，侧有两座很大的望帝、丛帝的陵墓，四周桧柏参天。每年桃花盛开季节，还能听到杜宇的声声鸣叫。

杜鹃的文化内涵：

在中国文化里，杜鹃是被迫离乡去国的蜀王杜宇的化身。它的形象，代表着失去故土，代表着无家可归，代表着孤独悲伤。

杜鹃这个文化形象根深蒂固，杜鹃就如同一个悲伤的符号，出现在文化作品中，就表现抒情主人公的流离失所、故土难回、孤独凄伤。

融通运用

一、讲一讲

鳖灵为相

时蜀民稀少，后有一男子名曰杜宇，从天堕①，止②朱提。有一女子名利，从江源井中出，为杜宇妻。乃自立为蜀王，号曰望帝，治汶山下邑曰郫，化③民往往复出。望帝积百馀岁，荆有一人名鳖灵，其尸亡④去，荆⑤人求之不得。鳖灵尸随江水上至郫，遂活，与望帝相见。望帝以鳖灵为相。时玉山出水，若尧之洪水，望帝不能治，使鳖灵决玉山，民得安处。鳖灵治水去后，望帝与其妻通⑥，惭愧，自以德薄，不如鳖灵，乃委国授之而去⑦，如尧之禅舜。鳖灵即位，号曰开明帝。望帝去时，子鹃鸣，故蜀人悲子鹃鸣而思望帝。

(《蜀王本纪》)

二、读一读

维也纳生活圆舞曲（节选）

冯骥才

清早醒来，不睁开眼，尽量用耳朵来辨认天天叫醒我的这些家伙们。单

---

① 堕：掉下来，坠落。
② 止：停止，停留。
③ 化：教育，教化。
④ 亡：丢失。
⑤ 荆：古地名，现湖北、湖南一带。
⑥ 通：私通。
⑦ 去：离开。

凭听力，我能准确地知道这些家伙所处的位置，是在窗前那株高大的七片叶树里边，还是远远地在房脊和烟突上。当然我不知道这些家伙的名字。我的家乡绝没有这么多种奇奇怪怪又美妙的叫声。我的城市里只有麻雀。

有一种叫声宛如花腔女高音，婉转、嘹亮、悠长，变化无穷，它怎么能唱出如此丰富而不重复的音调？后来我在十四区博物馆听鸟儿们的录音时，才知道这家伙名叫 AMSEL。它长得并不美。我在闭目倾听它的鸣唱时，把它想象得美若彩凤。其实它全身乌黑的羽毛，一个长长的黄嘴，好似一只小乌鸦叼着一支竹笛子。

我发现，闭上眼睛时，声音会变得特别清晰和富于形象。有一种鸟的叫声像是有人磕牙；另一种叫声好似老人叹息，声音沙哑又苍老；还有一种鸟叫得很像是猫叫，一天，它一边叫，一边从我的窗前飞过，我幻觉中出现一只"飞着的猫"。

能力测试：

1. 作者以"维也纳生活圆舞曲"作为标题，但并未在文中直接写到"圆舞曲"，对此，你如何理解？

_____

2. 作者在文中生动形象地描写了鸟叫声的清晰与种类的丰富性，他听到了哪些鸟的声音？是用什么样的方法描写这些声音呢？

_____

三、写一写

写一篇 400 字左右的文章，记叙一个你熟悉的动物或人的声音。

四、记一记

咏史·成都

唐·胡曾

杜宇曾为蜀帝王，化禽飞去旧城荒。

年年来叫桃花月，似向春风诉国亡。

夜闻子规

唐·王建

子规啼不歇，到晓口应穿。

况是不眠夜，声声在耳边。

闻王昌龄左迁龙标遥有此寄

唐·李白

杨花落尽子规啼，

闻道龙标过五溪。

我寄愁心与明月，

随风直到夜郎西。

杜　鹃

唐·杜牧

杜宇竟何冤，年年叫蜀门。

至今衔积恨，终古吊残魂。

芳草迷肠结，红花染血痕。

山川尽春色，呜咽复谁论。

第七章　大雁

 经典溯源

诗经·小雅·鸿雁

鸿雁①于飞，肃肃②其羽。之子③于征，劬④劳于野。爰⑤及矜人⑥，哀此鳏⑦寡⑧。

鸿雁于飞，集于中泽。之子于垣⑨，百堵⑩皆作⑪。虽则劬劳，其究⑫安宅⑬？

鸿雁于飞，哀鸣嗷嗷⑭。维此哲人⑮，谓我劬劳。维彼愚人，谓我宣骄⑯。

闻　雁

唐·韦应物

故园渺何处，归思方悠哉。

淮南秋雨夜，高斋闻雁来。

【释读】

鸿　雁

鸿雁翩翩空中飞，扇动双翅嗖嗖响。那人离家出远门，野外奔波辛苦尝。可怜都是穷苦人，鳏寡孤独心悲伤。

鸿雁翩翩空中飞，聚在沼泽的中央。那人筑墙服苦役，先后筑起百堵墙。即便辛苦又劳累，未知安身在何方。

鸿雁翩翩空中飞，阵阵哀鸣声嗷嗷。唯有那些明白人，知我作歌唱辛劳。还有那些糊涂虫，说我役民享骄奢。

闻　雁

故乡遥远缥缈，思乡的情绪悠长浓郁。在这个淮南秋雨的夜晚，我在他乡的高楼上，听着大雁的叫声自远而近，声声叩击心弦。

【注释】

①鸿雁：水鸟名，即大雁；或谓大者叫鸿，小者叫雁。
②肃肃：鸟飞时扇动翅膀的声音。
③之子：那人，指服劳役的人。征，远行。
④劬（qú）劳：勤劳辛苦。
⑤爰：音 yuán，语助词。
⑥矜人：矜，音 jīn，穷苦的人。
⑦鳏（guān）：老而无妻者。
⑧寡：老而无夫者。

⑨于垣：垣，音 yuán，筑墙。
⑩堵：长、高各一丈的墙叫一堵。
⑪作：筑起。
⑫究：终。
⑬宅：居住。
⑭嗷嗷：鸿雁的哀鸣声。
⑮哲人：通情达理的人。
⑯宣骄：骄奢。

识文解字

字 形	雁 鷹 鳫 厔 雁 雁	
偏 旁	隹 本义：鸟张开的短尾。引申义：飞翔中的鸟的样子。	
字 音	yàn	
本 义	书信。	
引申义	假的，伪造的。	
相关字	雉、集、雏	
词 语	雁书：书信。 雁使：送信的使者。	
成 语	哀鸿遍野：哀鸿，哀鸣的鸿雁，比喻啼饥号寒的灾民。哀鸿遍野，比喻在天灾人祸中到处都是流离失所、呻吟呼号的饥民。 雁行鱼贯：像大雁一样排列飞行，像鱼一样排列游动。形容许多人排成行列有秩序地行进或做某种动作。	

方法探幽

（一）联想

大雁的习性：

大雁是有名的候鸟，它们的老家是在北方西伯利亚一带，因为北方的夏季日照时间长，食物丰富，敌害不多，非常适合哺育幼雏，所以，它们总是回故乡繁殖后代。到了冬季，北方一片冰天雪地，昆虫、蠕虫和植物种子都不见了，大雁找不到食物吃，便成群结队浩浩荡荡地飞向比较温暖的南方。

秋来南去，春来北迁，这与流民被迫在野外服劳役，四方奔走，居无定处的境况十分相似。

第一句，写了鸿雁的外形。肃肃其羽，它飞起来羽毛发出窸窸窣窣的响声。第二句，集于中泽。它们停下来，集中在大水中间的沼泽里。第三句，它们发出嗷嗷的哀鸣声。

鸿雁长途旅行中的鸣叫，声音凄厉，听起来十分悲苦，使人触景生情，平添愁绪。全诗三章根据所述的大雁的不同方面的特征，通过相似联想，第一章以鸿雁振羽高飞来比方被征调的流民远行的艰难劳苦。第二章以鸿雁汇集于水泽中，比方流民聚集在一处修筑城墙。第三章以鸿雁哀鸣表现劳苦民众的痛苦呼号和哀叹。从此以后"哀鸿""鸿雁"即成了苦难流民的代名词。成语"哀鸿遍野""断雁哀鸿"都表现了这样的特征。

振翅高飞的大雁勾起了诗人对流民颠沛流离无处安身的感叹。次章承接上章，具体描写流民服劳役筑墙的情景。鸿雁聚集泽中，象征着流民在工地上集体劳作，协同筑起很多堵高墙，然而自己却无安身之地。末章一说是写流民悲哀作歌，诉说悲惨的命运，反而遭到那些贵族富人的嘲弄和讥笑；大雁一声声的哀叫引起了流民凄苦的共鸣，他们就情不自禁地唱出了这首歌，表达心中的怨愤（朱熹）。一说是贵族阶层的诗人感于自己领地的民众劳苦，而作同情和自我辩白之辞（《毛诗序》）。

（二）象征

象征手法是根据事物之间的某种联系，借助某人某物的具体形象，以表现某种抽象的概念、思想和情感。它可以使文章立意高远，含蓄深刻。

大雁的传说故事：

生死相许

元好问

乙丑岁①赴试②并州，道逢捕雁者云："今旦获一雁，杀之矣。其脱网者悲鸣不能去，竟③自投于地而死。"予因买得之，葬之汾水之上，垒石为识④，号曰"雁丘"。同行者多为赋诗，予亦有《雁丘词》⑤。

【释读】

乙丑岁我到并州去赶考，路上遇到捕捉大雁的人说："今天早上我抓到一只大雁，把它杀了。另外一只挣脱网跑掉的大雁在天上悲伤地鸣叫，一直不离开，最后竟然自己撞到地上死了。"于是我买了这只投死的大雁，把它葬在汾水边上，垒砌石头作为标志，称这个埋葬大雁的土堆为"雁丘"。一同赶考的人大多为此写了诗歌，我也写了一首《雁丘词》。

大雁的象征意义：

第一，雁是候鸟，每年秋分时节南去，春分时节北返，来往有时，从不失信。喻男女婚前互守信约，婚后夫妻坚贞不渝。第二，雁是随阳之鸟，喻妇人出嫁从夫。第三，雁行有序，飞时成行，止时成列，迁徙中老壮雁率前引导，幼弱雁尾随跟紧，井然不紊，喻嫁娶之礼，长幼有序，不相逾越。第四，雁足系书的故事广为流传，自汉以来，大雁便与书信结下不解之缘，或成了送信的信使，或直接成了书信的代表。

---

① 乙丑岁：金章宗泰和五年（公元 1205 年），以天干地支纪年为乙丑年，当时元好问年仅十六岁。

② 赴试：赶考。

③ 竟：最终。

④ 识（zhì）：标志。

⑤ 《摸鱼儿·雁丘词》：问世间，情为何物，直教生死相许？天南地北双飞客，老翅几回寒暑。欢乐趣，离别苦，就中更有痴儿女。君应有语：渺万里层云，千山暮雪，只影向谁去？横汾路，寂寞当年箫鼓，荒烟依旧平楚。招魂楚些何嗟及，山鬼暗啼风雨。天也妒，未信与，莺儿燕子俱黄土。千秋万古，为留待骚人，狂歌痛饮，来访雁丘处。

融通运用

一、讲一讲

鸿雁传书

昭帝①即位数年，匈奴与汉和亲。汉求武等，匈奴诡言武死。后汉使复至匈奴，常惠②请其守者与俱，得夜见汉使。具自陈过。教使者谓单于，言天子射上林③中，得雁，足有系帛书，言武等在荒泽中。使者大喜，如惠语以让④单于。单于视左右而惊，谢汉使曰："武等实在。"于是李陵置酒贺武曰："今足下还归，扬名于匈奴，功显于汉室，虽古竹帛⑤所载，丹青⑥所画，何以过子卿！"（《汉书·苏武传》）

二、读一读

跟在雁群后面的风筝

周京东

秋天来了，又到了大雁南飞的时候了。

一群"人"字形的大雁鸣叫着从天空上飞过。"嘎——嘎——嘎——"的声音划破了宁静的村庄和田野。

这支雁群却没有发现在他们身后紧紧跟着一只断了线的鱼形风筝。

雁群飞着飞着，最后面的一只大雁一回头，终于发现了身后这只"怪物"，它吓得"嗷——"一声，差一点忘记扇动翅膀，像肉砣一样掉下来。

听到惊恐的叫声，雁队突然四散开来。大雁们即刻发现了这只紧紧跟着他们的"飞鱼"怪兽。领头的大雁发出了不要惊慌的信号，重新组织了队形，

---

① 昭帝：武帝少子，名弗陵。与匈奴达成和议。
② 常惠：西汉武帝、昭帝、宣帝三朝时期外交活动家。随苏武出使匈奴，被扣留在匈奴十九年。
③ 上林：即上林苑。故址在今陕西省西安市附近。汉朝皇帝游玩射猎的园林。
④ 让：责备。
⑤ 竹帛：帛，音 bó，古代以竹片或帛绸记事，此代指史籍。
⑥ 丹青：丹，朱砂；青，青䨼（huò）。都是绘画所用的颜色。此指绘画。

大雁又排成了"一"字形，向前飞去。

风筝又紧紧跟在了雁群后边。

"这一定是个怪兽，我们一定要甩掉它，不然大家都会被它吃掉的。"领头的大雁把想法传递给了同伴们。他们加快了飞行速度，可是，雁群飞得快，风筝也飞得快。根本无法甩掉"怪兽"。领头雁只好亲自对阵了，他问风筝："你是什么怪兽？"

"我是鱼形风筝，不是怪兽。"

"你会吃掉我们吗？"

"不会，我是纸做的。"

"那你为什么会飞？"

"我是靠风帮我飞翔的。"

"噢！你为什么要跟着我们飞啊？"

"噢？为了看见大海啊！我知道你们会飞到大海上边去的，你们累了也会在大海里像海鸥一样浮在海面上休息的！"

"你真聪明，那我们就带你去看大海吧！"

"谢谢！"

大雁们知道了风筝不是怪兽，又继续往南飞去。

飞着飞着，大雁们又累又饿了。他们看见身下是一片绿油油的麦地，于是，他们就落进了麦地，风筝以为到了大海，也高兴地落了下去。

吃过麦苗的雁群，休息了一夜，天亮又要重新起飞了。

随着领头雁发出起飞的信号，大雁群"呼啦"一下子飞向了天空。

但是风筝没有飞起来。它看见大雁群越飞越高，都快急哭了，它用力起飞，却飞不起来，几次把头仰起来，几次又重重地摔了下去。

它知道自己看海的愿望再也不可能实现了，呜呜地大哭起来。

"风筝没有起飞成功，没有跟上我们。"最后一只大雁报告了领头的大雁。

"别管它了，我们快飞吧！可不能耽误了我们的飞行时间。"大家开始议论起来。

"返回去！"领头雁发出了命令。于是，大雁群调头飞回了麦地。

风筝看见了雁群，立即不哭了。

大雁们让它先起飞，可是它是一只断了线的风筝，是绝对飞不起来的。

领头雁心想："很快就要到达大海了。一定要帮助它实现看海的愿望。"

他仔细地观察了这只风筝，看见了风筝身上还有很长的风筝线，突然想出了办法。它把风筝的线系在了队形中最后一只大雁的腿上，让他带着风筝飞上天空。

第二天，雁群们飞到了蓝色的大海上，风筝激动地大叫起来："我看见大海了！我看见大海了！"

雁群们在一个小海岛附近落进了大海，风筝也跟着落进了大海。

雁群又起飞了。他们在低空围绕着留在大海里的鱼形风筝盘旋了几圈，之后，排成"人"字形，再次向南方飞去。

再见，大雁！风筝在大海里向着雁群飞去的方向一直飘流了很远很远……

能力测试：

1. 野雁乃是禽中之冠，自古被视为"五常俱全"的灵物。何为五常？仁、义、礼、智、信是为五常。文中的大雁，＿＿＿＿＿＿＿＿＿＿＿＿＿＿＿，此为仁者之心。

2. 天空中的雁阵，飞行时或为＿＿＿＿＿字，或为＿＿＿＿＿字，从头到尾依长幼之序而排，称作"雁序"。阵头都是由老雁引领，壮雁飞得再快，也不会赶超到老雁前边，这代表其＿＿＿＿＿＿＿＿＿＿＿＿＿＿＿＿。

3. 雁为最难猎获之物，落地歇息之际，群雁中会由孤雁放哨警戒，一有什么风吹草动，群雁就会立刻飞到空中躲避。是因为大雁有＿＿＿＿＿＿＿＿＿＿＿＿＿＿＿＿＿＿＿＿＿＿＿＿＿＿＿＿＿＿＿。

4. 雁之有＿＿＿＿＿，则是指野雁是南北迁徙的候鸟。因时节变换而迁动，从不爽期，至秋而南翔，故称秋天为雁天。

三、写一写

古人娶亲六礼①中纳采、问名、纳吉、请期、迎亲五礼都用到了大雁作礼物，请联系现实生活，举出几个具有象征含义的礼仪用品。

四、记一记

次北固山下

唐·王湾

客路青山外，行舟绿水前。（"青山外"一作"青山下"）

潮平两岸阔，风正一帆悬。

海日生残夜，江春入旧年。

乡书何处达？归雁洛阳边。

归 雁

唐·杜甫

东来万里客，

乱定几年日？

肠断江城雁，

高高向北飞。

---

① 中国古代把婚礼过程分为六个阶段，古称"六礼"，即纳采、问名、纳吉、纳征、请期、亲迎。纳采，即男家请媒人到女家提亲。问名是男家托媒人询问女方的姓名和八字，以准备合婚。纳吉，即把占卜合婚的好消息告知女方。纳征，即男家将聘礼送往女家，又称纳币、大聘、过大礼等。请期，即男家择定结婚日期后，去女家请求同意。亲迎，即迎娶新娘。

第八章　柳

 经典溯源

诗经·小雅·采薇（节选）

　　昔我往矣，杨柳依依①。今我来思②，雨雪霏霏③。行道迟迟，载渴载饥。我心伤悲，莫知我哀！

采 薇

　　回想当初出征时，杨柳依依随风吹。如今回来路途中，大雪纷纷满天飞。道路泥泞难行走，又饥又渴真劳累。满腔伤感满腔悲，我的哀痛谁体会！

【注释】

①依依：树枝轻柔牵牵系系随风摇动的样子。
②思：语气词。
③霏霏：飘飘洒洒纷纷下落的样子。

柳

唐·方干

摇曳惹风吹，临堤软胜丝。

态浓谁为识，力弱自难持。

学舞枝翻袖，呈妆叶展眉。

如何一攀折，怀友又题诗。

识文解字

【释读】

柳

　　河堤边的柳枝比丝线更细软，在轻风中摇曳生姿。意态深蕴，有谁领会呢？它柔弱得难以稳定自己的身姿，它翻飞的枝条如同舞女的招摇的衣袖，它纤秀的叶子如同姑娘舒展的眉弯。为什么要攀折这秀美的柳枝啊？这是因为看到它我禁不住怀念故友，题写诗句。

字 形	柒 柒 柳 柳
偏 旁	木
字 音	liǔ
本 义	柳树，象形字。
相关字	本、末、树、李、桃
词 语	插柳：古代寒食节的一种风俗。也是为了纪念"教民稼穑"的农事祖师神农氏。有的地方，人们把柳枝插在屋檐下，以预报天气。 柳眉：女子细长的眼眉。
成 语	柳绿花红：形容明媚的春天景象，也形容颜色鲜艳纷繁。 柳暗花明：垂柳浓密，鲜花夺目。形容柳树成荫，繁花似锦的春天景象。也比喻在困难中遇到转机。

方法探幽

（一）动词

动态：摇曳、舞、翻、展；

行为：攀折、题诗；

心情：怀友。

方干《柳》诗中的"摇曳、舞、翻、展"这一组动词，直接描写柳枝在风中的形象，不仅仅有形象，而且有意态；不仅仅描摹柳枝的物理状态，还把它想象成一个舞姿翩跹的女子。"摇曳"是柳枝在风中的动作，"舞、翻、展"都是想象中的"柳姑娘"的动作，柳枝就变成了一个衣袂飘飘、娇弱不胜、眉目含情的女子。

"攀折、题诗"这两个动作，则是写作者欣赏柳枝受到情感震动后的行为，观者心动则是柳枝美妙且富含意蕴的体现。

"怀友"则点出最终的情感内涵。

写一个物象，它怎么动，要用准确的动词表达出来，它动起来像什么，则可传达除了动态之外的情韵、意态，由写物象延伸至写人情。而人情，则是所有写作的最终目的。

（二）形容词

形态：软、浓、弱、眉、依依、霏霏。

"润、亮"，写出了柳枝的光度，晶莹、润泽。

"细"写出了柳叶的形状大小，是"柔、软"的基础。

"柔、软"写出了柳枝的力度，是意态的基础，是作为女子这个美丽形象的基础。

这几个形容词，突出了柳枝美得精致、清新、闪亮、纤巧，带给人耳目一新的欣喜之感。有春天的清新自然，又精巧细致。

依依，既写出了柳枝牵连、绊结的形态，又写出了柳枝和人之间的关联，由此让人联想到离开的人和送别的人之间的牵连、不舍。

霏霏，则写出了雨雪细密、迷蒙，让人产生迷惘、凄凉之感。这既是写景，又是抒情伤怀。

描写一个物象，用形容词是最直接的，但形容词不能单一，要涉及颜色、光线、形状、大小等，有时候还要涉及重量、力度、长度等，以及这些特征的变化。不仅仅把这个物象直接用形容词来描述，还应该联想到其他物象，运用其他物象的特征来描述这个物象。比如用描写舞蹈中的女子的特征来描写风中飘飞的柳枝的特征。

（三）柳树的象征含义

柳树为落叶乔木或灌木，枝细长柔软，下垂，叶狭长，春天开黄绿色花，种子上有白色毛状物，成熟后随风飞散。种类很多，有垂柳、河柳、杞柳。

柳树叶子狭长，形状与女子眉毛相似，故用来状写女子容貌，常用"柳眉""柳叶眉"，"芙蓉如面柳如眉"则是说姑娘的脸庞如芙蓉花一般粉嫩娇艳，眉毛如柳叶一样纤细柔媚。

又因柳枝下垂，很容易和触碰的事物相牵连、系挂，常常用来表示牵挂、不舍之情。

柳絮飘忽不定，常常用来表达居无定所、漂泊无依的生活状态。

柳多种于檐前屋后，也常作故乡的象征。

因"柳"谐音"留"，"留"是送别之人的心思。古人因为交通不便，一次离别经常就是经年难见，因此在送别朋友时，主人往往以折柳表达对即将远行的人留恋之情。

柳树自古以来便是众多文人骚客所青睐的惜别寄情之树。

融通运用

一、讲一讲

柳秀才

明季①，蝗生青兖间②，渐集③于沂④。沂令忧之。退卧署幕⑤，梦一秀才来谒，峨冠⑥绿衣，状貌修伟。自言御蝗有策。询之，答云："明日，西南道上，有妇跨硕腹牝驴子⑦，蝗神也。哀之，可免。"令异之，治具⑧出邑南。伺良久，果有妇高髻褐帔，缓蹇北度⑨。即爇⑩香，捧卮酒，迎拜道左⑪，捉驴不令去。妇问："大夫⑫将何为？"令便哀恳："区区小治⑬，幸⑭悯脱蝗口。"妇曰："可恨柳秀才饶舌⑮，泄我密机！当即以其身受，不损禾稼可耳。"乃尽三卮，瞥不复见。后蝗来，飞蔽天日，然不落禾田，但集杨柳，过处柳叶都尽。方悟秀才柳神也。（蒲松龄《聊斋志异》，有删节）

二、读一读

浅春柳韵

每年，一到初春，便会给春天写一封情意绵绵的信。

"东风有信无人见，露微意、柳际花边。"苏东坡的这首词，让我感受到

---

① 明季：明朝末年。
② 青兖间：青州府（治益都）和兖州（治瑕丘）一带，指今山东省中部地区。
③ 集：停落。
④ 沂：音 yí，地名，沂水县。
⑤ 署幕：即衙内县令住室。
⑥ 峨冠：高冠，即高高的帽子。
⑦ 牝（pìn）驴子：母驴。牝，雌性禽兽。
⑧ 治具：指置办酒食。
⑨ 缓蹇北度：蹇，音 jiǎn，迟缓艰难地向北走来。
⑩ 爇：音 ruò，烧。
⑪ 道左：道旁。
⑫ 大夫：对沂水知县的尊称。
⑬ 小治：犹言小县。治，管内，辖区。
⑭ 幸：希望
⑮ 饶舌：多嘴。

了他乍觉春意的那份惊喜。春光姗姗来迟，即使东风有信也无人看见，她只隐匿在柳际花边。

好一个柳际花边！想必第一个读到信的就是春柳了，其次才是春花、百草。是了，"诗家清景在新春，绿柳才黄半未匀"。

每当春来，那轻盈的倩影，总俏皮地躲在那一抹鹅黄新绿的柳枝间。那柔顺的枝条上，爬满了一个个嫩黄的芽苞，像一只只破壳而出的小鸡苗，张开惊奇的眼睛，抖动着鹅黄的绒毛，可爱极了。"色浅微含露，丝轻未惹尘"，在细细的风里，舒展着曼妙的身姿，婀娜柔美，翩跹而舞。

我总觉得，春风与春柳是一对相亲相爱的情人。柳无风不美，风无柳不柔，他们时而窃窃私语，时而衣袂翩跹。风摆杨柳，含烟吐翠，起舞弄清影，妙趣横生！没有风，就显不出柳的妩媚与韵味；没有柳，就失去了风的潇洒与飘逸，真是有风即情，风情万种。

此时此景，总让我联想起古诗中那些描写春柳的诗篇来。

"最是一年春好处，绝胜烟柳满皇都。"韩愈的这首《早春》写得真是曼妙之极。是谁最先用"烟"来形容春柳的呢？恐怕再也找不出一个比它更恰当的词了。初春新绿，点点鹅黄，远看似烟，近看却无。浅浅淡淡，轻盈如翼，飘渺若云，若有若无。当十里春风，杨柳排列成阵，堆积成烟，氤氲缭绕，不厚重，不笨拙，轻描淡写。这景致，这诗意，这雅韵，不用看，单单想想，就让人不饮而自醉啦！

当然，我最喜欢的还是清代高鼎写的那首《村居》："草长莺飞二月天，拂堤杨柳醉春烟。儿童散学归来早，忙趁东风放纸鸢。"

初春二月，草长莺飞，醉柳笼堤，一群放学归来的儿童，在春来陌上欢快地放飞纸鸢。诗人用一颗欢喜心，为我们描绘了一幅充满生活气息的乡村画面。

不觉想起了我儿时的乡下。每到这个时节，我们这些贪玩的孩子们便会疯了。纷纷猴子一样的（　　）上树，（　　）一枝翠绿的柳条，然后做成笛子，那单调的笛声（　　）出来却是那么的美妙动听。有时也（　　）成一个绿色的头环戴在头上，然后（　　）起自己做成的风筝，在绿绿的麦田上飞跑、欢笑。

春柳，给了我童年无数的快乐，也成了我人生美好的回忆。她是春天最美的韵脚，带着希冀，带着美好，伴我走过一个个柳暗花明的季节。

能力测试：

1. 请把下面这些动词准确地填进十自然段的（　　）里。

吹　折　爬　扯　编

2. 下列句中运用了哪些动词，把柳树写活，使柳树含情的呢？在文中勾画出来，读一读，品一品。

　　每当春来，那轻盈的倩影，总俏皮地躲在那一抹鹅黄新绿的柳枝间，那柔顺的枝条上，爬满了一个个嫩黄的芽苞，像一只只破壳而出的小鸡苗，张开惊奇的眼睛，抖动着鹅黄的绒毛，可爱极了。

_____

_____

三、写一写

　　从读本选辑诗歌中找一两句你最喜欢的写柳的诗句，把它改写成一篇文章，注意用上动词，把柳树写活，写得传神哟。(300 字左右)

四、记一记

咏　柳

唐·贺知章

碧玉妆成一树高，万条垂下绿丝绦。

不知细叶谁裁出，二月春风似剪刀。

柳枝·江南岸

宋·朱敦儒

江南岸，柳枝⑯；江北岸，柳枝；折送
行人无尽时。恨分离，柳枝；酒一杯，柳枝；
泪双垂，柳枝；君到长安百事违⑰。几时归？
柳枝。

新　柳

宋·杨万里

柳条百尺拂银塘，
且莫深青只浅黄。
未必柳条能蘸水，
水中柳影引他长。

一树春风千万枝，嫩于金色软于丝。（白居易《杨柳枝词》）

漠漠金条引线微，年年先翠报春归。（徐寅《柳》）

柳

唐·李商隐

江南江北雪初消，漠漠轻黄惹嫩条。
灞岸已攀行客手，楚宫先骋舞姬腰。
清明带雨临官道，晚日含风拂野桥。
如线如丝正牵恨，王孙归路一何遥。

---

⑯　柳枝：为词中反复出现的伴唱声。

⑰　违：不顺心。

江边柳

唐·雍裕之

袅袅古堤边，青青一树烟。

若为丝不断，留取系郎船。

送　别

隋朝民歌

杨柳青青着地垂，杨花漫漫搅天飞。

柳条折尽花飞尽，借问行人归不归。

第九章 梅

 经典溯源

梅

宋·王安石

墙角数枝梅，
凌寒①独自开。
遥知不是雪，
为有暗香来。

早 梅

唐·张谓

一树寒梅白玉条，
迥②临林村傍豀③桥。
不知近水花先发，
疑是经春雪未销。

【释读】

梅

那墙角的几枝梅花，冒着严寒独自盛开。为什么远望就知道洁白的梅花不是雪呢？因为隐隐传来阵阵的香气。

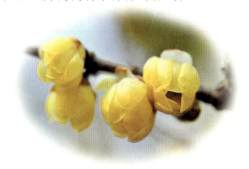

早 梅

有一树梅花凌寒早开，枝条洁白如玉条。它远离人来车往的村路，临近溪水桥边。人们不知寒梅靠近溪水提早开放，以为那是经冬而未消融的白雪。

【注释】

①凌寒：冒着严寒。
②迥：音 jiǒng，远。
③豀：音 xī，山沟，山谷。

识文解字

字 形	雪 雪 雪		
偏 旁	雨		
字 音	xuě		
本 义	天空中飘落的白色结晶体，多为六角形，是天空中的水蒸气冷至摄氏零度以下凝结而成。		
引申义	①颜色或光泽像雪的；②洗刷；③除去。		
相关字	雷、电、云、霰		
词 语	雪藏：①冷藏，冰镇；②比喻有意掩藏或保留；③比喻搁置不用。 雪耻：洗掉耻辱。		
成 语	冰雪聪明：比喻人聪明非凡。 报仇雪恨：雪，洗刷掉。报冤仇，除仇恨。		

 方法探幽

（一）描写点

王安石诗：香。"为有暗香来。"

张谓诗：白。"一树寒梅白玉条。"

他们的写作目的分别是突出梅花的特征：香、白。

1. 作者为什么描写梅花的香和白，也就是梅花的气味和颜色，而不写更细致的特征呢？比如梅花的花朵形状、梅花的花瓣甚至花蕊、花萼？

原因：梅花的花朵小，也正因为花朵小，它的花瓣就更小，几乎无法辨别花瓣的具体形状，更不要说花蕊、花萼了。拼颜值，梅花在各种花中并没有优势，这也不是梅花的特别之处，更不是梅花引人关注的原因。梅花不胜在外观，而胜在冰清玉洁、不畏严寒的内涵。

2. 怎样来表现这个描写点呢？

设疑：王安石"遥知不是雪"，张谓"疑是经春雪未销"，都把它和雪相混淆。

解疑：有香（为有暗香来）（王安石），"不知近水花先发"（张谓）。

（二）观察点

地点：墙角、临村、傍桥；

行为：遥知、不知、疑是；

情态：远观。

作者为什么要远观而不近看？

原因：香如果凑近了闻才有，这并没有什么过人之处。如果在远处就能闻到，这就是与众不同了。

白，腊梅固然白，但是近观却是带浅黄的。而且，一旦近观，腊梅在枝上并不能完全覆盖树枝，会有树枝的褐色显露出来，白得就不纯粹不彻底。远观则不然，腊梅花朵攒成一簇一簇的，跟白雪非常相似。这样，就把腊梅的白写得更明净、更雅洁。

（三）托物言志

1. 作者为什么要写梅花的内在呢？

花的外形是用来表现人物外形的，比如我们第二章里提到的桃花，就是用桃花的"夭夭灼灼"之态来表现女孩子青春靓丽的外在形象。那么，作者没有选择外形娇艳靓丽的花，而选择这个内在比外形更具特征梅花，就是为了写人，而不是为了写花。刚才我们提到一个词——人品！对，写内在就是要写人品！作者要借梅花的特征来表示人物特征，也就是借写梅花的内在来写人的品质。

梅花的象征含义：

古人说，梅具四德，初生蕊为元，开花

为亨，结子为利，成熟为贞。后人又有另一种说法：梅花五瓣，是五福的象征。一是快乐，二是幸运，三是长寿，四是顺利，五是我们最希望的和平。这些，都是梅花的象征意义。

梅先天下春，这是梅最可贵之处。梅花，不畏严寒，独步早春。它赶在东风之前，向人们传递着春的消息，被誉为"东风第一枝"。它花瓣细小，花香悠长，与之相应的是含蓄、收敛、淡雅、高洁、坚定、顽强的品质，历来被人们当作中国文人的高贵品质。

2. 花开的时间、地点。

花开的时间：凌寒（王），经春（张）；

花开的地点：墙角（王），迥临林村傍谿桥、近水（张）。

王安石诗中的梅花，凌寒表示经历艰难、磨难；墙角，则表示被忽视、冷落。用来说人，则是在被忽视被冷落的情况下，经历艰难、磨难，而依然保持幽香不变，也就是人品坚定、坚贞而高洁。

张谓诗中的梅花，靠近有树林的村庄和有深谷的桥，刚刚到春天，花因为靠近水所以早开了。用来说人，就是在自然山水中，清新、雅致、纯洁。

3. 除了花开的时间地点外，作者还有直接表现对象特征的词语。

王安石诗中一个"暗"字，用来形容香，表示这种香不是浓烈的，不是张扬的，而是含蓄的、内敛的，同时又是丰富的。这用来说人，在坚定、坚贞和高洁的前提下，他还是含蓄而内敛的。这是中国对君子最完美的想象，也就是中国人理想中的完美人格。

张谓的诗则打了一个比方，"一枝寒梅白玉条"，直接用"玉条"来比拟开满梅花的枝条。而玉这个形象，本身在中国文化里就是一个具有君子德行的符号。它温润、透明、坚硬，如同一个举止温和、心地纯洁而又意志坚定的人。

总结：

根据写作目的确定描写对象——描写点，根据"写人品"这个目的确定描写梅花的"香""白"。

根据描写对象确定观察角度——观察点，根据"香"和"白"确定远处这个观察点。

找相似的对象表现情态、相似的特征表现心志。

融通运用

一、讲一讲

踏雪寻梅

孟浩然情怀旷达①，常冒雪骑驴寻梅，曰："吾诗思在灞桥风雪中驴背上。"（张岱《夜航船》）

梅花妆

南朝宋武帝女寿阳公主，曾卧于含章殿檐下，梅花落公主额上成五出之花，拂之不去，众人皆奇②，皇后命留之，经三日洗之乃落，宫中女子诧其异，羡其美，竞相效仿，遂成千古传奇深宫梅妆。（《太平御览》）

二、读一读

一山昙花

张晓风

"你们来晚了！"

我老是听到这句话。

旅行于世界各地，总是有热心的朋友跑来告诉我这句话。

于是，我知道，如果我去年就来，我可以赶上一场六十年来仅见的瑞雪。

---

① 旷达：心胸开阔乐观。
② 奇：觉得奇怪。

或者一个月前来，丁香花开如一片香海。或者十天以前来，有一场热闹的庙会。一星期以前来，正逢热气球大赛。三天以前是啤酒节……

开头的时候，听到这样的话，忍不住顿足叹息，自伤命苦。久了，也就认了。知道有些好事情，是上天赏给当地居民的。旅客如果碰上了，是万幸，碰不上，是理所当然。凭什么你把"华枝春满""天心月圆"的好景都碰上了？

因此，我到夏威夷，听朋友说："满山昙花都开了——好像是上个礼拜某个夜里。"心里也只觉坦然，一面促他带我们仍去看看，毕竟花谢了山还在。

到了山边，不禁目瞪口呆，果真每株花都垂着一朵大大的枯萎的花苞。遥想上个礼拜花千朵万朵深夜竞芳时，不知是如何热闹熙攘的盛况。而此刻，我仿佛面对三千位后宫美女——三千位垂垂老去的美女，努力揣想她们当年如何风华正茂……

如果不是事先听友人说明，此刻我也未必能发现那些残花。花朵开时，如敲锣打鼓，腾腾烈烈，声震数里，你想不发现也难。但花朵一旦萎谢，则枝柯间忽然幽冥如墓地，你只能从模糊的字迹里去辨认昔日的王侯将相、才子佳人。

我呆站在山前，久久不忍离去。这一山残花虽成往事，面对它我却可以驰无穷之想象。想一周前的某个深夜，满山花开如素烛千盏，整座山燃烧如月下的烛台，那夜可有人是知花之人？可有心是惜香之心？

凡眼睛无福看见的，只好用想象去追踪揣摩；凡鼻子不及嗅闻的，只好用想象去填充臆测；凡手指无缘接触的，也只得用想象去弥补假设。

我曾淡忘无数亲眼目睹的美景，反而牢牢记住了夏威夷岛上不曾见识的一山昙花。这世间，究竟什么才叫拥有呢？

能力测试：

1. 请根据文章内容将下面一段文字补充完整。

文中作者描写的是一山①_____的昙花。他经历了怎样的心理变化呢？听说来晚了，是对花谢了的②_____；接着是亲眼见到一山凋谢的昙花后的③_____；然后是④_____，

用想象去追踪揣摩一山昙花盛开的景象；最后是引出⑤＿＿＿＿＿＿＿＿＿＿＿＿
的思考。

2. 盛开的昙花不是更美吗，作者为什么要写这样的昙花呢？你能在文中找到
　　答案吗？

＿＿＿＿＿＿＿＿＿＿＿＿＿＿＿＿＿＿＿＿＿＿＿＿＿＿＿＿＿＿＿＿＿＿＿＿

三、写一写

　　你能以不同的观察点去写写身边的花吗？如春天的迎春花，夏天的茉莉
花……写出它们的特点来。（400 字左右）

四、记一记

梅

唐·崔道融

溪上寒梅初满枝，夜来霜月透芳菲。

清光寂寞思无尽，应待琴尊与解围。

早　梅

明·道源

万树寒无色，南枝独有花。

香闻流水处，影落野人家。

山园小梅·其一

宋·林逋

众芳摇落独暄妍，占尽风情向小园。

疏影横斜水清浅，暗香浮动月黄昏。

霜禽欲下先偷眼，粉蝶如知合断魂。

幸有微吟可相狎，不须檀板共金尊。

第十章　读书

 经典溯源

观书有感

宋·朱熹

半亩方塘一鉴①开，

天光云影共徘徊②。

问渠③那④得清⑤如许⑥，

为有源头活水来。

劝⑦学

唐·颜真卿

三更⑧灯火五更鸡⑨，

正是男儿读书时。

黑发⑩不知勤学早，

白首方⑪悔读书迟。

【释读】

观书有感

半亩大的方形池塘像一面镜子一样展现在眼前，天空的光彩和浮云的影子都在镜子中一起荡漾。要问为何那方塘的水会这样清澈呢？是因为有那永不枯竭的源头为它源源不断地输送活水啊。

劝　学

每天三更半夜到鸡啼叫的时候，是男孩子们读书的最好时间。少年时只知道玩，不知道要好好学习，到老的时候才后悔自己年少时为什么不勤奋学习。

【注释】

①鉴：镜。古人以铜为镜。

②徘徊：移动，变化。这句是说天上的光和云的影子反映在塘水之中，不停地变动。

③渠：它，指方塘。

④那：通"哪"，"怎么"的意思。

⑤清：清澈。

⑥如许：如此，这样。

⑦劝：勉励。

⑧更：古时夜间计算时间的单位，一夜分五更（从戌时到寅时），每更为两小时。午夜（子时）11点到1点为三更。

⑨五更鸡：天快亮时，鸡啼叫。

⑩黑发：年少时期，指少年。

⑪方：才。

识文解字

字 形	盥 鑑 鑒 鉴	
偏 旁	钅 本义：金属。右边上部是箭头，下部是斧头，左边是冶炼产生的金属块。引申义：①金属制的乐器；②黄金；③货币；④金色；⑤贵重；⑥坚固。	
字 音	jiàn	
本 义	镜子。金文"鉴"，上面是一人低头看，下面是一器皿，是盛水的大盆，可作镜子用。	
引申义	①照；②观察、审查；③可以使人警惕或引为教训的事。	
相关字	钗、钰、铄	
词 语	宝鉴：宝镜。镜子的美称，亦以喻月亮。常用作书名，取可以借鉴之意。 品鉴：欣赏鉴定。品是为分辨优劣，鉴是为确定真假。	
成 语	前车之鉴：鉴，镜子，为教训。前面车子翻倒的教训。比喻先前的失败，可以作为以后的教训。 天人共鉴：鉴，审察。天公、众人皆可审察。表示诚实无欺。	

方法探幽

（一）实物与思想

方塘、鉴；黑发、白发。

借一个实物形象表达自己的想法就是托物言志。

托物言志，是通过描摹事物的某一个方面的特征来表达作者的思想的写作方法。其特点是用这个事物来比拟或象征某种精神、品格、思想、感情等。要写好这样的文章，就注意突出"客体"与"主体"的内在联系。首先是事物的主要特点要与自己的志向和意愿有某种相同点和相似点。其他无关的特点应该舍去。比如"方塘"和"鉴"（镜子），就主要突出两者的明澈、照见，来寄托自己的思想：要明澈、照见才能有智慧。

由平静明澈的水塘想到了镜子，将天光和云投射在水面的影子晃动想象成它们在徘徊。画面因为"鉴"而明亮、清透，也因为这明亮清透的照映和反射显得更生动。

《劝学》诗把时光的流逝直接具象化为黑发到白发的迅速转变，突出了时间流逝的迅速。

要发表读书的想法，很容易"道理化"——枯燥、抽象。但是朱熹借助寻常可见的清塘半亩把读书的道理讲了出来。朱熹通过实物，把形象的东西和抽象的道理联系了起来。孔子曾经站在一条河边，感叹说："时间的流逝就像这流水啊。"这就是善于联想的典范，我们可以常常做一些联想的练习。这些练习可以从形象到抽象，比如由"雪"想到纯洁；也可以从抽象出发寻找形象，比如由"温暖"联想到"被窝""火炉"等。

 融通运用

一、讲一讲

鸡窗与论

晋兖州①刺史②沛国③宋处宗，尝买得一长鸣鸡，爱养甚④至⑤，恒⑥笼⑦著⑧窗间，鸡遂作人语，与处宗谈论，极有言智，终日不辍⑨，处宗因此言巧大进。（《幽明录》）

---

① 兖州：古地名。
② 刺史：古代官名，自汉设立。本为监察郡县的官员，宋元以后沿用为一州长官的别称。
③ 沛国：古地名。此处为宋处宗的家乡。
④ 甚：很，非常。
⑤ 至：形容事物的尽善尽美。犹言最好、最高、最大。
⑥ 恒：经常，常常。
⑦ 笼：用笼子装着。
⑧ 著：居于，处在。
⑨ 辍：终止，停止。

二、读一读

话说君子兰

冰 心

女作家李玲修在好多年前送给我的一盆君子兰，我把它供在书桌前的窗台上。那浓绿色的、剑形的、肥厚的叶子，武士般地相对列。每年两次从剑叶中间突然露出一点橘黄色时，家里的大人和小孩都高兴地奔走相告：君子兰又要开花了！

这实在是个喜讯。几十朵橘黄色的、五瓣聚成的筒形的花向上开放。它们像高雅的君子般相拱而立。当花的大茎愈长愈长，这几十朵君子兰便愈站愈高，静雅地立在那里，经月不谢！

我为此翻看了《论语》，因为至圣先师孔子对于"君子"的定义，有几十条，但是我读来读去觉得"君子讷于言而敏于行"这句话说的是君子兰！

我以为"言"就是花的香气，"行"就是花的形象和花期的久暂。君子兰花香很淡，而花色极浓，几十朵相拱而立，能够立到几十天！它们群立在你的面前给你力量，给你鼓舞。因为我虽然也喜欢玫瑰的浓香和桂花的幽香，但在数日之内，便瓣落香消，使人惆怅，而使我佩服的还是君子兰！

能力测试：

1. 想一想，文中的君子兰和君子有怎样的相似之处呢？

_____

2. 说说你对"君子讷于言而敏于行"的理解。你身边有这样的人吗？他们和君子兰有什么关联呢？

_____

三、写一写

"自由"这个词会让你想到什么形象的东西呢？是蒲公英的种子，还是飘飞的落叶或雪花……你能以它们中的一个为主人公，围绕"自由"写一个400字的小故事吧。

四、记一记

读书有所见

清·萧抡谓

人心如良苗，得养乃滋长。
苗以泉水灌，心以理义养。
一日不读书，胸臆无佳想。
一月不读书，耳目失精爽。

冬夜读书示子聿

宋·陆游

古人学问无遗力，
少壮工夫老始成。
纸上得来终觉浅，
绝知此事要躬行。

第十一章 音乐

经典溯源

赠花卿①

唐·杜甫

锦城②丝管③日纷纷，
半入江风半入云。
此曲只应天上④有，
人间能得几回闻？

大墙上蒿行 （节选）

三国·曹丕

女娥长歌，
声协宫商⑤。
感心动耳，
荡气回肠⑥。

【释读】

赠花卿

每一天，锦官城的管弦之声四处飞扬，一半散入江风，一半散入云霄。如此美妙的仙乐，大概只有天上才会有的吧，人间哪里听得到几回呢？

大墙上蒿行

女孩子长声吟唱，声调中有宫调、商调。乐曲十分婉转动人，倾动耳朵感动心灵，使肝肠回旋，使心气激荡。

【注释】

①花卿：成都尹崔光远的部将花敬定，曾平定段子璋之乱。卿，当时对地位、年辈较低的人一种客气的称呼。

②锦城：即锦官城，成都。

③丝管：弦乐器和管乐器，这里泛指音乐。

④天上：双关语，虚指天宫，实指皇宫。

⑤宫商：古代音律中的宫音与商音，后人用其泛指音乐。"宫、商、角、徵、羽"（读音为 gōng shāng jué zhǐ yǔ）是我国五声音阶中五个不同音的名称，类似现在简谱中的 do，re，mi，sol，la。

⑥荡气回肠：回，回转；荡，动摇。使肝肠回旋，使心气激荡。

识文解字

字　形	**籥　筸　管**
偏　旁	⺮
字　音	guǎn
本　义	像竹一样圆而细长中空的东西。
引申义	①吹奏的乐器；②泛指细长的圆筒；③照料、约束；④管辖，管理；⑤过问，参与。
相关字	笛、箫
词　语	管弦：是指管乐器与弦乐器，亦泛指乐器。 管束：遏制自由行动或言论；约束，使不越轨。
成　语	急管繁弦：急，快；繁，杂。形容各种乐器同时演奏的热闹情景。 管窥蠡测：管，竹管；蠡，贝壳做的瓢。从竹管里看天，用瓢测量海水。比喻对事物的观察和了解很狭窄，很片面。

 方法探幽

（一）描写方法

直接描写。

直接描写也叫正面描写，就是用生动形象的语言，直接通过对人物的肖像、语言、动作、神态、心理等方面的描写，把人物或景物的状态直接具体地描绘出来。但，对声音的直接描写尤其困难，因为它没有形态，没有颜色，没有动作，没有任何可以看得见的东西。而且稍纵即逝，没有停留。要直接描写，就要借助其他的形象。那么，打比方，就成了必不可少的方法。《赠花卿》中，把丝管的声音想象成可以飘散的东西，如雾似烟，往天上飞，在水上漂。这样，把声音的灵动感就写出来了。当然，如果是沉重的声音、单调的声音，也可以想象成重锤、铁丝等东西。关键就是寻找和这个声音的特征相对应的东西。

侧面描写。

侧面描写，又叫间接描写，是指在文学创作中，作者通过对周围人物或环境的描绘来表现所要描写的对象，以使其鲜明突出，即间接地对描写对象进行刻画描绘。

对声音的侧面描写，就是写听到声音的人的感受和行为。比如欣喜、悲哀、赞叹等。《赠花卿》中后两句写赞叹，这简直是天上的曲子啊！《大墙上蒿行》中的"荡气回肠"的身体感受，"感心动耳"的心理感受，都是对声音的侧面描写，表现了声音的美妙。

 融通运用

一、讲一讲

余音绕梁

昔，韩娥东之齐，匮①粮，过雍门②，鬻③歌假④食，既去⑤而余音绕梁，三日不绝，左右以其人弗去。过逆旅⑥，逆旅人辱之。韩娥因曼声⑦哀哭，一里老幼悲愁，垂涕相对，三日不食。遽⑧而追之。娥还，复为曼声长歌。一里老幼喜悦而舞，弗能自禁，忘向之悲也。乃厚赂发之。（《列子·汤问》）

二、读一读

明湖居听书（节选）

王小玉便启朱唇，发皓齿，唱了几句书儿。声音初不甚大，只觉入耳有

---

① 匮：音 kuì，没有，缺少。
② 雍门：雍，音 yōng，城门名称。
③ 鬻：音 yù，卖。
④ 假：借。
⑤ 去：离开。
⑥ 逆旅：旅店
⑦ 曼声：拉长声音。曼，长。
⑧ 遽：音 jù，急速。

说不出来的妙境：五脏六腑里，像熨斗熨过，无一处不伏贴；三万六千个毛孔，像吃了人参果，无一个毛孔不畅快。唱了十数句之后，渐渐的越唱越高，忽然拔了一个尖儿，像一线钢丝抛入天际，不禁暗暗叫绝。哪知他于那极高的地方，尚能回环转折。几啭之后，又高一层，接连有三四叠，节节高起。恍如由傲来峰西面攀登泰山的景象：初看傲来峰削壁千仞，以为上与天通；及至翻到傲来峰顶，才见扇子崖更在傲来峰上；及至翻到扇子崖，又见南天门更在扇子崖上：愈翻愈险，愈险愈奇。那王小玉唱到极高的三四叠后，陡然一落，又极力骋其千回百折的精神，如一条飞蛇在黄山三十六峰半中腰里盘旋穿插。顷刻之间，周匝数遍。从此以后，愈唱愈低，愈低愈细，那声音渐渐的就听不见了。满园子的人都屏气凝神，不敢少动。约有两三分钟之久，仿佛有一点声音从地底下发出。这一出之后，忽又扬起，像放那东洋烟火，一个弹子上天，随化作千百道五色火光，纵横散乱。这一声飞起，即有无限声音俱来并发。那弹弦子的亦全用轮指，忽大忽小，同他那声音相和相合，有如花坞春晓，好鸟乱鸣。耳朵忙不过来，不晓得听那一声的为是。正在撩乱之际，忽听霍然一声，人弦俱寂。这时台下叫好之声，轰然雷动。

（《老残游记》）

能力测试：

1. 请用"＿＿"勾画出文中能与下列成语相对应的语句。你能将下面的词批注在相应的语句旁吗？

   戛然而止　　不绝如缕　　响彻云霄　　燕语莺声

   鸦默雀静　　石破惊天　　回环盘旋

2. 请你用上题中的成语替换勾画出的句子，读一读，会有什么感受呢？

   ＿＿＿＿＿＿＿＿＿＿＿＿＿＿＿＿＿＿＿＿＿＿＿＿＿＿＿＿＿

3. 作者用了哪些方法来表现声音？说说你的见解吧。

   ＿＿＿＿＿＿＿＿＿＿＿＿＿＿＿＿＿＿＿＿＿＿＿＿＿＿＿＿＿

三、写一写

把你听过的最好听的歌曲，描述一下，并说说你的感觉。（200字左右）

四、记一记

明湖居听书 （节选）

字字清脆，声声宛转，如新莺出谷，乳燕归巢。

琵琶行 （节选）

唐·白居易

大弦嘈嘈如急雨，小弦切切如私语。嘈嘈切切错杂弹，大珠小珠落玉盘。间关莺语花底滑，幽咽泉流冰下难。冰泉冷涩弦凝绝，凝绝不通声暂歇。别有幽愁暗恨生，此时无声胜有声。银瓶乍破水浆迸，铁骑突出刀枪鸣。曲终收拨当心画，四弦一声如裂帛。东船西舫悄无言，唯见江心秋月白。

第十二章　闲情

经典溯源

竹里馆①

唐·王维

独坐幽篁②里，

弹琴复长啸。

深林人不知，

明月来相照。

渔歌子③

唐·张志和

西塞山前白鹭④飞，

桃花流水⑤鳜鱼⑥肥。

青箬笠⑦，绿蓑衣⑧，

斜风细雨不须⑨归。

【释读】

竹里馆

月夜，独坐在幽深的竹林里，时而弹琴，时而吹吹口哨。竹林里僻静幽深，无人知晓；独坐幽篁，无人陪伴，唯有明月似解人意，偏来相照。

渔歌子

西塞山前白鹭在自由地翱翔，江水中肥美的鳜鱼欢快地游着，漂浮在水中的桃花是那样的鲜艳而饱满。江岸一位老翁戴着青色的箬笠，披着绿色的蓑衣，冒着斜风细雨，悠然自得地垂钓。他被美丽的春景迷住了，连下了雨都不回家。

【注释】

①竹里馆，辋川别墅的胜景之一，房屋周围有竹林，故名。

②幽篁（huáng）：幽是深的意思，篁是竹林。幽深的竹林。

③渔歌子：词牌名。此调原为唐教坊名曲。

④白鹭（lù）：一种白色的水鸟。

⑤桃花流水：桃花盛开的季节正是春水盛涨的时候，俗称桃花汛或桃花水。

⑥鳜（guì）鱼：淡水鱼，江南又称桂鱼，肉质鲜美。

⑦箬（ruò）笠：竹叶或竹篾做的斗笠。

⑧蓑（suō）衣：用草或棕编制成的雨衣。

⑨不须：不一定要。

识文解字

字　形	🐟🐟　🐟　順　渔
偏　旁	鱼
字　音	yú
本　义	捕鱼。
引申义	谋求、谋夺（不该得到的东西）。
相关字	鳞、鳌
词　语	渔樵：打鱼砍柴。 渔利：用不正当的手段谋取利益。
成　语	涸泽而渔：抽干池水捉鱼。比喻只图眼前利益，不作长远打算。 渔翁得利：渔翁，比喻第三方。比喻双方争执不下，两败俱伤，让第三方占了便宜。

 ## 方法探幽

移　情

深林安静，我弹琴、长啸，宁静安然。明月如同了解我，与我相知，特意来照耀我、陪伴我，与我共享这一份宁静安然。

这就是移情。把人的情感迁移到其他事物上，让其他事物代表作者来表达情感。

所谓移情，是指人在观察外物时，设身处在对象的角度，仿佛它也有感觉、情感和思想。"儵鱼出游从容，是鱼之乐也。"庄子观鱼，觉得鱼很快乐。"我见青山多妩媚，料青山见我亦如是。"辛弃疾看青山，觉得远山如黛很妩媚，于是想青山此刻也注视着自己，大概觉得"我"也很妩媚吧。一个落魄的诗人，听到春燕的啼声，仿佛觉得它们在讥笑自己，"负薪花下过，燕语似讥人。"在战火中颠沛流离的杜甫，感时伤怀，觉得花也在流泪，鸟也在伤心："感时花溅泪，恨别鸟惊心。"这些都是移情的例子。我们如果善于移情，就能把外在世界转化为充满情义的世界，人生也就更富有诗意。

 融通运用

一、讲一讲

纵情刘伶

刘伶字伯伦，沛国人也。身长六尺，容貌甚陋①。放情肆②志，常以细宇宙齐万物为心。

刘伶恒纵酒放达。或脱衣裸形在屋中，人见讥之。伶曰："我以天地为栋宇，屋室为裈衣③。诸君何为入我裈中？"

尝醉与俗人相忤④，其人攘⑤袂⑥奋⑦拳而往。伶徐曰："鸡肋不足以安尊⑧拳。"其人笑而止。

常乘鹿车，携一壶酒，使人荷⑨锸⑩而随之，谓曰："死便埋我。"《晋书》

二、读一读

听 秋（节选）

乔洪涛

①一朵牵牛花把它看到的秘密告诉了另一朵牵牛花，很快，整面篱墙上的牵牛花就都知道了，它们把一个个粉嘟嘟的小喇叭举上了头顶，向整个村庄宣布：秋天来了。

---

① 陋：难看、粗劣。
② 肆：放纵，任意行事。
③ 裈：音 kūn，裤子。
④ 忤：音 wǔ，违背。
⑤ 攘：音 rǎng，捋。
⑥ 袂：音 mèi，袖子。
⑦ 奋：提起，举起。
⑧ 尊：敬辞，称与对方有关的人或事物。
⑨ 荷：背（bēi），扛。
⑩ 锸：音 chā，铁锹，掘土的工具。

②我就是在早晨的时候听到了它们的宣言。我听见那些浅紫或淡粉的小喇叭一个个朝我张开了嘴巴，一个夜晚，它们就这样不约而同地全部开放了，我把耳朵凑上去，贴在那小喇叭似的花朵上，清晨的露水清洗了我灌满了整个夏天喧嚣的耳朵，它们把小喇叭贴在我的耳朵上悄悄告诉我，秋天来了。那毛茸茸的花蕊像新生儿的手臂，害羞似的在我耳朵里，我听见它们小声地告诉我：秋天来了，秋天来了。

③哦，秋天来了。我直起腰，把耳朵转向四野。

④我听见空气慢慢变凉的声音，那细微的凉丝丝的气丝儿慢慢变薄，变淡，夏日空气里的溽热和潮湿已经悄悄溜走，天空越来越远，越来越蓝；我听见田野里的庄稼和野草慢慢变黄的声音，一只蝴蝶飞起又飞落，一只蚂蚱在微黄的草叶上有力的弹跳；我还听见村后树林里叶落的声音，阔大温柔的白杨叶在飘落中摩擦空气的颤抖，一截枯干的树枝带着成千的蝉直落泥土，薄薄的蝉翼脆如玻璃；我听见屋檐上那只麻雀叽叽喳喳叫个不停，它把早晨的第一缕温和的阳光叼起，藏进窝内，它灵动的小眼睛眨来眨去；我听见院子里墙角的那几颗野菊花把细碎而热烈的橘黄的花朵擎开，它们在绿叶中细密如星星，拥拥挤挤开得热闹——我听见了，我都听见了，我站在院子里，听见秋色渐浓，听见秋香渐浓，听见——秋意渐浓了。

⑤停下手中的活计，听一听这秋吧。这是一个声音的仓库，更是一个生命的仓库。这里的衰落绝不是死亡，而是更迭，这里的腐烂绝不是结束，而是孕育。

⑥把沉睡的耳朵喊醒，把沉睡的心灵喊醒，听一听这秋吧。这潦草而妩媚的秋色里，有月亮的呢喃，也有花朵的情话，更有虫子们生命不息的绝响。

能力测试：

1. 作者以"听秋"为题，在文中他只听见了秋声吗？通读全文，说说你有什么发现。

   _____

2. 第④段中把具体写出"我听见秋色渐浓"的句子，抄写在下面的横线上。

   _____

   具体写出"我听见秋香渐浓"的句子，抄写在下面的横线上。

   _____

   具体写出"我听见的秋声"的句子，抄写在下面的横线上。

   _____

3. "一朵牵牛花把它看到的秘密告诉了另一朵牵牛花，很快，整面篱墙上的牵牛花就都知道了，它们把一个个粉嘟嘟的小喇叭举上了头顶，向整个村庄宣布：秋天来了。"这是一种怎样的写作手法？请你品品这样写的好处。

   _____

三、写一写

　　请运用移情的观察方法，把所有的感觉都移到你的舌尖，以"××尝春天"或"舌尖上的春天"为题，用生动的语言描绘出属于你的春天吧。（不少于 400 字）

四、记一记

鹿　柴

唐·王维

空山不见人，但闻人语响。

返景入深林，复照青苔上。

三衢道中

宋·曾几

梅子黄时日日晴，小溪泛尽却山行。

绿阴不减来时路，添得黄鹂四五声。

山中留客

唐·张旭

山光物态弄春晖，莫为轻阴便拟归。

纵使晴明无雨色，入云深处亦沾衣。

山中问答

唐·李白

问余何意栖碧山，笑而不答心自闲。

桃花流水窅然去，别有天地非人间。

附录1

"讲一讲" 参考译文

第一章　儿童

牧童逮狼

有两个牧童进山发现了狼窝，窝里有两只小狼。他们商量好每人捉一只小狼，分别爬上一棵相距几十步的树。不一会儿，大狼回来了，发现小狼不见了，神情非常惊慌。牧童在树上扭小狼的蹄子、耳朵，故意让它痛嚎。大狼听到后，抬头望去，愤怒地跑到树下，狂叫不已，还用爪子抓树皮。这时候另一个牧童在另一棵树上如法炮制，令小狼痛嚎。大狼停止了叫声，到处张望，发现了另一只小狼；于是丢下这边的狼崽，转而奔至另一棵树下，像刚才那样狂叫撕抓。第一棵树上的牧童又让小狼哀号，大狼又转身扑过去。大狼嘴里不停地嚎叫，脚下不停地奔跑，这样来回数十次，跑得也慢了，声音也小了；过了一会，大狼奄奄一息，很久都不动弹。牧童从树上爬下来，凑近一看，大狼已经气绝身亡。

第二章　美女

登徒子好色赋

天下的美女，没有谁比得上楚国女子，美丽的楚国女子，又没有谁能超过我那家乡的美女，而我家乡最美丽的姑娘还得数我邻居东家那位小姐。东家那位小姐，论身材，若增加一分则太高，减掉一分则太短；论其肤色，若涂上脂粉则嫌太白，施加朱红又嫌太红，真是生得恰到好处。她那眉毛有如翠鸟的羽毛，肌肤像白雪一般莹洁，腰身纤细如一束素帛，牙齿整齐有如一连串小贝，甜美地一笑，足可以使阳城和下蔡一带的人们为之迷惑和倾倒。

第三章　老人

张良拾履

张良曾经在沂水的桥上去散步游逛时，遇到一个老人，穿着黑色衣服，走到他面前，故意把鞋抛到桥下，回头看着他说："小子，下去把鞋给我取上来！"张良有些愕然，想揍他；因为见他年岁大了，才强忍怒火，下了桥，给他把鞋取上来。老人又说："给我穿上。"张良已经给他把鞋拾上来了，于是就跪着给他穿上，那位老人伸出脚来，让张良把鞋穿好，笑着走了。张良感到很惊诧。他大约走出一里远，又返了回来，对张良说："你这个年轻人倒是可以教育的！五天后的清晨，你在这里和我会面。"张良更觉得奇怪，又跪下说："是。"五天后的早晨，张良去了约定的地方，老人生气地说："你与老人约定会合，为什么后来？"又约再五天后的早晨，张良天不亮就去了，那个老人又早在那里了，又生气地说："为什么晚来？"又约五天后的早晨。张良半夜就去了，过了一会，老人也来了，高兴地说："孺子可教也！"于是拿出一本书给张良，说："你回去读它，就可以做帝王的老师了。十三年之后，你见到的济北谷城山下的黄石，就是我了。"于是离去，看不见了。张良天亮翻开书一看竟然是《太公兵法》。张良于是觉得很奇异，常常诵读复习这本书。

第四章　少年

闻鸡起舞

祖逖少年时父亲去世，然而祖逖轻视财物喜欢行侠仗义，慷慨大方具有节操风范。长大后博览经史群书，通晓古今事理。他曾与刘琨一起担任司州的主簿。他们友谊深厚，在同一个寝室睡觉时，夜半时听到鸡鸣，他踢醒刘琨，说："这并不是不祥之兆。"于是起床舞剑。祖逖因为国家政权遭颠覆，心中常怀收复故土、振兴国家的志向。

第五章　侠客

专诸刺王僚

这年四月丙子日，公子光在地下室埋伏下身穿铠甲的武士，备办酒席宴请吴王僚，吴王僚派出卫队，从王宫一直排列到公子光的家里，门户、台阶两旁，都是吴王僚的亲信。夹道站立的侍卫，都举着长矛。喝酒喝到畅快的时候，公子光假装脚有毛病，进入地下室，让专诸把匕首放到烤鱼的肚子里，然后把鱼进献上去。到吴王僚跟前，专诸掰开鱼，趁势拔出匕首刺杀吴王僚，吴王僚当场被刺死。吴王僚的侍卫人员随即杀死了专诸，吴王僚手下的随从一时混乱不堪。

第六章　杜鹃

鳖灵为相

当时，蜀地的百姓非常少，后来有一个姓名为"杜宇"的男子，从天上降落，停留在朱提这个地方。有一个女子，名叫"利"，从江源的井中升起，成为杜宇的妻子。杜宇于是自立为蜀王，号称"望帝"，治理汶山下面的村庄，这个村庄叫"郫"，受到教化的老百姓常常出现。望帝管理累计一百多年后，荆地有一个名叫"鳖灵"的人，他的尸体丢失了。荆地的人找不到，鳖灵的尸体随着降水往上游到了郫地，就活了转来，与望帝见面了。望帝让鳖灵做国相。当时玉山涌出大水，如同尧帝时代的洪水。望帝不能治理，派鳖灵去开掘玉山，玉山开掘后，洪水得到了治理，老百姓得以重新安然生活。鳖灵治水离开家之后，望帝和鳖灵的妻子私通，鳖灵治水回来，望帝觉得很惭愧，自己认为自己的德行浅薄，不如鳖灵，就把国家交给鳖灵，然后自己离开了。就好像尧将帝位禅让给舜一样。鳖灵即位之后，号称"开明皇帝"。望帝离开的时候，子规啼鸣，因此蜀地的人因为杜鹃啼叫而悲伤，又因此思念离去的望帝。

第七章　大雁

鸿雁传书

汉昭帝即皇帝位，几年后，匈奴和汉达成和议。汉朝廷寻求原来出使到匈奴的苏武等人，匈奴撒谎说苏武已经死了。后来汉使者又到匈奴，常惠请求看守他的人同他一起去见汉使者，在夜晚见到了汉使，原原本本地述说了这些年来在匈奴的情况。常惠让汉使者对单于说："天子在上林苑中射猎，射得一只大雁，脚上系着帛书，上面说苏武等人在北海。"汉使者万分高兴，按照常惠所教的话去责问单于。单于看着身边的人十分惊讶，向汉使道歉说：

"苏武等人的确还活着。"于是李陵安排酒筵向苏武祝贺，说："今天你还归，在匈奴中扬名，在汉皇族中功绩显赫。即使是古代史书所记载的事迹，图画所绘的人物，怎能超过你！"

第八章　柳

柳秀才

明朝末年，青、兖二州发生蝗灾，并渐渐地蔓延到沂县。沂县的县令对此很担忧。退堂后睡卧在邸舍中，梦见一位秀才来拜见。秀才头戴高高的帽子，身穿绿衣，长得非常魁梧，自称有抵挡蝗灾的办法。问他有什么办法，秀才回答说："明日在西南道上，有个妇人骑着一头大肚子母驴，她就是蝗神。你哀求她，可以免灾。"

县令感到这个梦很奇怪，就操办好酒食带到了城南。等了很长时间，果然有个梳着高高的发髻、身披褐色斗篷的妇女，缓慢地往北走着。县令立即点燃香，捧着酒杯，迎上去拜见，并捉住驴子不让她走。妇人问："您想干什么？"县令便哀求道："区区小县，希望能得到您的怜悯，逃脱蝗口！"妇人说："可恨柳秀才多嘴，泄露我的机密！立即让他身受蝗害，不损害庄稼就是了。"于是饮酒三杯，转眼间不见了。

过后蝗虫飞来，遮天蔽日，但是不落在庄稼地，只是集中在杨柳树上，蝗虫经过的地方，柳叶全被吃光了。县令这才明白梦中的秀才就是柳神。

第九章　梅

踏雪寻梅

唐代大诗人孟浩然终身不仕，他胸襟开阔，情怀旷达，常常冒着雪骑着驴出去寻找梅花。还说："我的诗兴都是在灞桥风雪中的驴背上。"

梅花妆

南朝宋武帝刘裕的女儿寿阳公主，有一年在含章殿下的花台上睡着了，有一朵五片花瓣的梅花落在她的额头上，擦拭不掉。众人都觉得奇异，皇后让她留着那朵梅花，经过了三天才洗掉。宫中的女子惊异于有梅花装饰的美丽，非常美慕，竞相效仿，于是就成了千古传奇的深宫梅花妆。

第十章　读书

鸡窗与论

晋代兖州刺史沛国的宋处宗，曾经买到一只啼叫声很悠长的公鸡，十分喜爱，一直用笼子养在窗户下，鸡竟然慢慢地会说人的话，和处宗谈论，终日不停。处宗因此谈论的技巧有了很大的进步。

第十一章　音乐

余音绕梁

过去，有一个擅长唱歌的人，叫韩娥，是韩国人。一次她经过齐国，因为路费用完了，便在齐国都城（临淄，今属山东）的雍门卖唱筹钱。韩娥声音清脆嘹亮，婉转悠扬，十分动人。这次演唱，轰动全城。她离开之后，她的声音在屋梁间缭绕回荡，三天都没有消散。周围的人都以为她没有离开。韩娥投宿一家旅店，因为贫困，韩娥遭到了旅店主人的侮辱，韩娥伤心透了，用悠长的声音哀歌而去。她的声音是那么悲凉，整个街巷里凡是听到她歌声的人都觉得好像沉浸在哀怨里。一时间，老人小孩儿都充满悲伤，泪眼相看，三天都不吃饭。旅店主人赶紧又把她追回来。韩娥回来后，又重新高声欢歌，整个街巷的人都情不自禁高兴地跳起舞来，把此前的悲愁全忘了。于是给了她很多钱送她走了。

第十二章　闲情

纵情刘伶

刘伶字伯伦，是沛国人。身高六尺，容貌很丑陋。放纵情志，常常有宇宙细小、万物齐一的观念。

刘伶长期纵情喝酒，开放通达。有时候脱掉衣服赤身裸体待在屋里。有人见了就讥笑讽刺他。他说："我把天地当作房屋，把房屋当作裤子。你们为什么进入我的裤子里？"

刘伶曾经有一次喝醉了，和一个庸俗的人发生冲突，那个人捋起袖子举着拳头向他走来。刘伶慢慢地说："我这个像鸡骨头一样的身体，不足以安放您的拳头。"那个人笑了，于是也不打他了。

　　他常常乘坐鹿车，带一壶酒，让人扛着锹跟着，他说："我死了顺便把我埋了。"

附录2

“读一读” 参考答案

第一章　儿童

1. 静态：小声耳语，蹑手蹑脚地爬进瓜地；

   动态：①使出吃奶的劲儿才抱起来，刚走两步就“扑通”一声摔倒了，西瓜滚了老远。②二麻子一见大事不妙，抱个小瓜，扔下我就逃走了。③黑妮儿发现摔倒的我，误以为我逮蚂蚱，邀我进棚吃瓜。

2. 略。

第二章　美女

1. 翠翠—黄麂；阿河—桃花；日本女郎—水莲花。

2. 翠翠：自然既长养她且教育她，为人天真活泼，处处俨如一只小兽物。人又那么乖，如山头黄麂一样，从不想到残忍事情，从不发愁，从不动气。平时在渡船上遇陌生人对她有所注意时，便把那光光的眼睛瞅着那陌生人，作成随时都可举步逃入深山的神气。

   阿河：她的眼像一双小燕子，她的笑最使我记住，像一朵花漂浮在我的脑海里。我不是说过，她的小圆脸像正开的桃花么？那么，她微笑的时候，便是盛开的时候了：花房里充满了蜜，真如要流出来的样了。

   日本女郎：最是那一低头的温柔，像一朵水莲花不胜凉风的娇羞。

3. 借物喻人，出神入化地呈现出少女的娇羞美丽，给人带来丰富的联想，传递出作者内心满满的怜爱之情。

第三章　老人

1. 春天，奶奶坐在树下糊纸袋；夏天，奶奶坐在树下补花；秋天，天还没亮时，奶奶就主动起来扫院子、扫街。

2. 勾画略。这是一位勤劳、想跟上时代的老人。

3. 老人：吾年未四十，而视茫茫，而发苍苍，而齿牙动摇。

鹤发童颜　老态龙钟　满头银发

年轻人：和羞走，倚梅回首，却把青梅嗅。

亭亭玉立　婀娜多姿　白净柔嫩　风度翩翩

儿童：最喜小儿无赖，溪头卧剥莲蓬。

虎头虎脑

第四章　少年

1. 画线略。闰土经常参加劳动，经受风吹雨打，身体结实健康。

2. 深蓝，金黄，碧绿；这三种颜色让描写更加生动形象，使人有身临其境之
感。在这样明丽的色彩的烘托下，闰土这个普通的农村少年显得那样勇敢
敏捷，勃发出一种少年英气。

第五章　侠客

1.（1）在光明坦荡的赵盾面前，他觉得自己和晋灵公都是那么卑鄙龌龊。

（2）赵盾不只是一个好人而已！他是这个国家真正的支柱，是岌岌可危的
国家百姓们的希望。有他在，至少晋灵公的胡作非为会得到遏制。没有了
他，国家会更加一塌糊涂吧！

（3）他怎么能够，听凭一个昏君的摆布，摧毁国家的中流砥柱呢？主上，
我不能完成你的任务。大人，我不能对你下手。看着我的尸体，希望你能
有所警惕吧，大人。

他是一位忠君明义识大体的勇敢无畏的侠客。

2. 提示：可根据鉏麑心理活动的语句描写鉏麑与赵盾和晋灵公的对话。

第六章　杜鹃

1. 虽然文中并未直接写到"圆舞曲"，但随时随地都可以感受到清脆的鸟鸣
声如音乐般的存在。

2. 有一种叫声宛如花腔女高音，有一种叫声像是有人磕牙，另一种叫声好似

老人叹息，还有一种鸟叫得很像是猫。用了比喻的修辞手法。

第七章　大雁

1. 不离不弃，帮助风筝一同飞往大海，帮助它实现了看海的愿望。

2. 一、人；礼。

3. 智。

4. 信。

第八章　柳

1. 爬、折、吹、编、扯。

2. 躲：生动地写出了春意尚浅，不易觉察。

爬满：突出了芽苞的勃勃生机。

"张开、抖动"赋予了柳枝上才冒出的芽苞人的动作，把它们人格化，生动形象地写出了这些芽苞的生机和神韵。

第九章　梅

1. ①凋谢；②习以为常与坦然；③惊讶与遗恨；④不忍离去；⑤什么才叫"拥有"。

2. 作者突出了昙花花开短暂的特点，选取了与众不同的描写点"残花"来进行描写，从而引发思考：一山的昙花虽败却能给人带来丰富的联想和无尽的审美感受；这世间，或许经历过的事物并不就是拥有，而我们借助想象，可以填补不曾拥有的遗憾和空白。

第十章　读书

1. "君子讷于言而敏于行"。"言"就是花的香气，"行"就是花的形象和花期的久暂。君子兰花香很淡，而花色极浓，几十朵相拱而立，能够立到几十天！

这就是文中的君子兰和君子的相似之处。

2. 这里的"讷"是忍而少言，"敏"是机敏、积极，意思是君子说话要谨慎而行动要敏捷。这句话告诉我们说话要慢慢说，要三思而后说，不要口无遮拦，信口开河；办事情一定要积极敏捷、果敢决断、雷厉风行，不要拖泥带水。

第十一章　音乐

1. 正在撩乱之际，忽听霍然一声，人弦俱寂。（戛然而止）

　　唱了十数句之后，渐渐的越唱越高，忽然拔了一个尖儿，像一线钢丝抛入天际，不禁暗暗叫绝。那知他于那极高的地方，尚能回环转折。几啭之后，又高一层，接连有三四叠，节节高起。（不绝如缕）

　　恍如由傲来峰西面攀登泰山的景象：初看傲来峰削壁千仞，以为上与天通；及至翻到傲来峰顶，才见扇子崖更在傲来峰上；及至翻到扇子崖，又见南天门更在扇子崖上：愈翻愈险，愈险愈奇。（响彻云霄）

　　那弹弦子的亦全用轮指，忽大忽小，同他那声音相和相合，有如花坞春晓，好鸟乱鸣。（燕语莺声）

　　从此以后，愈唱愈低，愈低愈细，那声音渐渐的就听不见了。（鸦默雀静）

　　这一出之后，忽又扬起，像放那东洋烟火，一个弹子上天，随化作千百道五色火光，纵横散乱。（石破惊天）

　　那王小玉唱到极高的三四叠后，陡然一落，又极力骋其千回百折的精神，如一条飞蛇在黄山三十六峰半中腰里盘旋穿插。顷刻之间，周匝数遍。（回环盘旋）

2. 用四字词替代了形象生动的比喻句，描写虽精练，但缺失了生动具体，缺失了活灵活现，声音变得空洞乏味。

3. 作者运用了比喻、夸张的手法，运用通感，以视觉来写听觉，以有形来写无形，生动地写出了小玉说书时那节节高起、反复出奇的艺术境界。

第十二章　闲情

1. 不是。作者以"听秋"为题，是把自己对秋天的所有的感觉如皮肤的触觉、眼睛看到的视觉、鼻子闻到的嗅觉都移到了耳朵上。

2. "我听见秋色渐浓"的句子：我听见田野里的庄稼和野草慢慢变黄的声音，一只蝴蝶飞起又飞落，一只蚂蚱在微黄的草叶上有力的弹跳。

"我听见秋香渐浓"的句子：我听见院子里墙角的那几颗野菊花把细碎而热烈的橘黄的花朵擎开，它们在绿叶中细密如星星，拥拥挤挤开得热闹。

"我听见秋声"的句子：阔大温柔的白杨叶在飘落中摩擦空气的颤抖，一截枯干的树枝带着成千的蝉直落泥土，薄薄的蝉翼脆如玻璃；我听见屋檐上那只麻雀叽叽喳喳叫个不停，它把早晨的第一缕温和的阳光叼起，藏进窝内，它灵动的小眼睛眨来眨去。

3. 拟人句。作者把自己对秋天来临的欣喜移情在喇叭花的身上，使情感的表达变得更加直观、具体、生动。并创造出优美意境，增加了文章的魅力。

千秋诗歌

下册

秦 菁 方顺贵 编著

四川大学出版社

目录

CONTENTS

千秋诗歌（下册）

第十三章　夕阳

 经典溯源

暮江吟①

唐·白居易

一道残阳②铺水中，

半江瑟瑟③半江红。

可怜④九月初三夜，

露似真珠⑤月似弓。

登乐游原⑥

唐·李商隐

向晚意不适⑦，驱车登古原⑧。

夕阳无限好，只是近⑨黄昏。

【释读】

暮江吟

一道残阳倒影在江面上，阳光照射下，波光粼粼，一半呈现出深深的碧色，一半呈现出红色。更让人怜爱的是九月凉露下降的初月夜，滴滴清露就像粒粒珍珠，一弯新月仿佛是一张精巧的弓。

登乐游原

傍晚时分，心情不舒畅，驾上车登上古时的乐游原。只见夕阳放射出迷人的余晖，夕阳是多么的好，然而这一切美景将转瞬即逝，不久会被那夜幕所笼罩。

【注释】

①暮江吟：黄昏时分在江边所作的诗。吟，古代诗歌的一种形式。

②残阳：快落山的太阳的光。也指晚霞。

③瑟瑟：原意为碧色珍宝，此处指碧绿色。

④可怜：可爱。

⑤真珠：即珍珠。

⑥乐游原：在长安城南，地势较高。

⑦意不适：心情不舒畅。

⑧古原：即乐游原，是长安附近的名胜，在今陕西省长安以南八里的地方。

⑨近：接近，临近。

识文解字

字　形	怜			
偏　旁	忄	♈	♈	心
字　音	lián			
本　义	对不幸的人表示同情。			
引申义	①爱怜；②爱惜；③吝惜；④遗憾			
相关字	忧、恒、忖、怡			
词　语	垂怜：赐予怜悯。 怜恤：对肉体或精神上遭受痛苦的人或者对不幸的人表示同情。			
成　语	同病相怜：比喻有同样不幸遭遇的人相互同情。 顾影自怜：顾，看；怜，怜惜。回头看看自己的影子，怜惜起自己来。形容孤独失意的样子，也指自我欣赏。			

 方法探幽

（一）连续的画面

按照时间顺序描写连续的画面。

白居易这一首《暮江吟》，总共四句。其中两句为一组，分别描绘了两个画面。

第一幅画面：夕阳西沉、晚霞映江的绚丽景象。

第二幅画面：弯月初升、露珠晶莹的朦胧夜色。

这两幅画面有时间先后，从前往后读，我们似乎看到了一个渐渐变化的暮色场景，像一幅延时动画片。

（二）动词表现形象

动词：铺

铺，是把东西展开或者摊平。那么，阳光照在江面上，用这个"铺"字，而不是"照"，因为这个时候太阳已经往下沉，沉到几乎接近地平线，几乎是贴着地面照射过来，确实像"铺"在江上，形象地写出了夕阳的低垂。

这个"铺"字也显得婉约、平缓，写出了秋天夕阳独有的柔和，给人以亲切、安闲的感觉。

通过这个动词，我们看到了夕阳的基本特征：

1. 夕阳是低垂的，无限地接近地面或江面的，它的光越来越低地和大地、江面相接近。

2. 夕阳是柔和的，它的光线不再炽热、耀眼，而是温暖、亲切。

3. 夕阳是走向消逝的，它的光和热都处于从强到弱，从浓到淡，从有到无的趋近变化中。

（三）夕阳的文化内涵

"夕阳无限好，只是近黄昏"描绘了这样一幅画面：余晖映照，晚霞满天，山凝胭脂，气象万千。这是诗人无力挽留美好事物而发出的深长慨叹。这两句是深含哲理的千古名言，蕴涵了这样一个意旨：景致之所以如此妖娆，正是因为在接近黄昏之时才显得无限美好；世间的事物，发展到极致的时候也就是走向没落的时候。这近于格言式的慨叹含义十分深刻，让世人体会到了一种基于自然规律和生命规律的无奈感，而这种无奈感，更增加了我们对这美到极致又瞬息将逝的事物的珍惜和不舍。

这两句诗所蕴含的博大而精深的哲学精神，使得夕阳在中国文化中成了一个意蕴鲜明的文化符号：它代表着美好，同时代表着没落，它既是消极的伤逝，也是积极的珍惜。

 融通运用

一、讲一讲

刘伶病酒

刘伶病①酒，渴甚，从妇求酒。妇捐②酒毁器，涕泣谏③曰："君饮太过，非摄生④之道，必宜断之！"伶曰："甚善。我不能自禁，唯当祝⑤鬼神自誓断之耳！便可具酒肉。"妇曰："敬闻命。"供酒肉于神前，请伶祝誓。伶跪而祝曰："天生刘伶，以酒为名，一饮一斛⑥，五斗解酲⑦。妇人之言，慎不可听！"便引酒进肉，隗然⑧已醉矣。(《世说新说·任诞》)

二、读一读

三峡之秋（节选）

方　纪

①早晨，透明的露珠闪耀着，峡峰有些凉意，仿佛满山的橘柚树上撒了一层洁白的霜，新鲜而明净；太阳出来，露水消逝了，橘柚树（　　）着阳光，绿叶金实；三峡中又是一片秋天的明丽。

②中午，群峰披上金甲，阳光在水面上（　　），长江也变得热烈了，像一条金鳞巨蟒，翻滚着，呼啸着，奔腾流去；而一面又把它那激荡的、跳跃

---

① 病：因为……而生病。
② 捐：丢弃、抛弃。
③ 谏：直言规劝，使之改正错误。
④ 摄生：养生，保养身体。
⑤ 祝：祷告，向鬼神求福。
⑥ 斛：音hú，古代量器，方形，口小底大。
⑦ 酲：音chéng，酒醒后神志不清，有如患病的感觉。
⑧ 隗然：隗，音wěi，倒塌。隗然，倒塌的样子。

的光辉，投向两岸陡立的峭壁。于是，整个峡谷，波光荡漾，三峡又充满了秋天的热烈的气息。

③下午，太阳还没有落，峡里早升起一层青色的雾。这使得峡里的黄昏来得特别早，而去得特别迟。在青色的透明的黄昏中，两岸峭壁的倒影，一齐拥向江心，使江面上只剩下一线发光的天空，长江平静而轻缓地流淌，变得犹如一条明亮的小溪。

④夜，终于来了。岸边的渔火，江心的灯标，接连地亮起，连同它们在水面映出的红色的光晕，使长江像是眨着眼睛，沉沉欲睡。只有偶尔驶过的赶路的驳船，响着汽笛，在江面划开一条发光的路；于是渔火和灯标，都像惊醒了一般，在水面上轻轻摇曳。

能力测试：

1. 作者按时间顺序，描写了三峡在中秋这一天的景色变化。请你用简洁的语言概括一下这几个画面。

   早晨＿＿＿＿＿＿＿＿＿＿＿＿＿＿＿＿＿＿＿＿＿＿＿＿

   中午＿＿＿＿＿＿＿＿＿＿＿＿＿＿＿＿＿＿＿＿＿＿＿＿

   下午＿＿＿＿＿＿＿＿＿＿＿＿＿＿＿＿＿＿＿＿＿＿＿＿

   夜晚＿＿＿＿＿＿＿＿＿＿＿＿＿＿＿＿＿＿＿＿＿＿＿＿

2. 请将"跳跃""闪烁"这两个词分别填入第 1、2 自然段的括号里，并说说自己这样选择的理由。

   ＿＿＿＿＿＿＿＿＿＿＿＿＿＿＿＿＿＿＿＿＿＿＿＿＿＿＿

三、写一写

阅读后文"记一记"的内容，把诗中描写夕阳的动词全部找出来，描写一下这些动词构成的画面。（200 字左右）

四、记一记

林卧 （节选）

唐·岑参

偶得鱼鸟趣，复兹水木凉。

远峰带雨色，落日摇川光。

夕 阳 （节选）

元·孙华孙

夕阳挂红鼓，强半浸绿水。

斯须日渐下，堆异参差起。

空林网夕阳，寒鸟赴荒园。（王昌龄《灞上闲居》）

第十四章　月（上）

 经典溯源

静夜思

唐·李白

床①前明月光，

疑是地上霜。

举头望明月，

低头思故乡。

古朗月行（节选）

唐·李白

小时不识月，呼作白玉盘。

又疑瑶台②镜，飞在青云端。

仙人垂两足③，桂树何团团。

白兔捣药成，问言与谁餐？

【注释】

①床：今传四种说法。一指井台；二指井栏；三"床"
即"窗"的通假字；四取本义，即坐卧的器具。

②瑶台：传说中神仙居住的地方。

③仙人垂两足：意思是月亮里有仙人和桂树。当月亮
初生的时候，先看见仙人的两只脚，月亮渐渐圆起
来，就看见仙人和桂树的全形。仙人，传说驾月的
车夫，叫舒望，又名纤阿。

【释读】

静夜思

明亮的月光洒在窗前的地上，好像地
上泛起了一层霜。我禁不住抬起头来，看
那窗外空中的一轮明月，不由得低头沉
思，想起远方的家乡。

古朗月行

小时候不认识月亮，把它称为白玉
盘。又怀疑是瑶台仙镜，飞在夜空青云之
上。月中的仙人是垂着双脚吗？月中的桂
树为什么长得圆圆的？白兔捣成的仙药，
到底是给谁吃的呢？

识文解字

字 形	盤 盤 盤 盤 盘
偏 旁	皿 装东西（多为液体）的器具。
字 音	pán
本 义	圆形的承装器皿。
引申义	①环绕，旋转； ②弯曲； ③逐个或反复清查； ④像盘子的东西。
相关字	盆、盂、益、盥、盈、盛、盏、监
词 语	杯盘：杯与盘。亦借指酒肴。 盘足：两腿盘曲相叠而坐的姿势。
成 语	盘根错节：盘，盘曲；错，交错；节，枝节。树木的根枝盘旋交错。比喻事情纷繁复杂。 虎踞龙盘：形容地势险要，易守难攻。通常指帝都而言。

 方法探幽

（一）打比方要选择适合的相似点

诗人怎么写月亮？他说——疑是地上霜。月光照在地上，让诗人产生了错觉。诗人作客他乡，在月明之夜，他看到了霜！

月光有许多特征：白色、朦胧、柔和、清冷。

与之相似的可以是：轻纱、薄雾、烟霭、流水、霜雪。

作者选择了"霜"，突出月光的"冷"这个特征。

这个"霜"字，既表现了月光的皎洁，又表达了季节的寒冷，还烘托出诗人漂泊他乡的孤寂凄凉和对温暖的渴望之情。

（二）选用准确表现情感状态的动词

"疑是地上霜"中的"疑"字，生动地表达了诗人一刹那间迷离恍惚的感受，是直接将照射在地上的清冷月光误以为铺在地面的浓霜了。如果用"像"，或者"以为"的"以"，变成"像是地上霜"或"以是地上霜"，都是清醒着在观察月亮，有一种欣赏玩味的感觉，一旦欣赏玩味，思乡之情就无从生成了。而"疑"则直接表现了诗人完全陷入了自己的情感体验之中，那么由冷而生的对温暖的渴求以及与之相应的对故乡的思念就呼之欲出了。

（三）叙述，是最有效的方法

从"疑"到"望"，到"思"，表明诗人已从迷蒙转为清醒。他翘首凝望着月亮，不禁想起，此刻他的故乡也正处在这轮明月的照耀下，于是自然引出了"低头思故乡"的结句。"低头"这一动作描画出诗人完全处于沉思之中。而"思"字又给读者留下丰富的想象：那家乡的父老兄弟、亲朋好友，那家乡的一山一水、一草一木，那逝去的年华与往事……无不在思念之中。一个"思"字所包含的内容实在太丰富了。

这首小诗，既没有奇特新颖的想象，更没有精工华美的辞藻。它只是用叙述的语气，写了一个错觉，也就是打了一个比方，写出了远客的思乡之情，然而它却意味深长，耐人寻味，千百年来，如此广泛地吸引着读者。

（四）月亮的文化内涵

月亮在古代诗歌中是思乡怀远的传统意象。月，不只是一种自然景物，也是一种情感，一种思想的载体。诗人怀念家园、思念父母的情思，常寄托于明月。当孤臣浪子云游天涯之际，总是把明月与故乡联系在一起，使其成为启动乡愁、寄托相思、返归家园的神秘象征物。

 融通运用

一、讲一讲

嫦娥奔月

姮娥①，羿②妻也。羿请不死之药于西王母，未及服之，姮娥盗食之，得仙奔入月中，为月精也。（东汉·高诱《淮南子注》）

吴刚伐桂

旧言月中有桂，有蟾蜍，故异书言，月桂高五百丈，下有一人常斫③之，树创随合。人姓吴名刚，西河人，学仙有过，谪④令伐树。（唐·段成式《酉阳杂俎·天咫》）

二、读一读

望 月

赵丽宏

夜深人静，我悄悄地走到江轮甲板上坐下来。

月亮出来了，安详地吐洒着它的清辉。月光洒落在长江里，江面被照亮了，流动的江水中，有千点万点晶莹闪烁的光斑在跳动。江两岸，芦荡，树林和山峰的黑色剪影，在江天交界处隐隐约约地伸展着，起伏着。月光为它们镀上了一层银色的花边……

偶然回头时，发现身边多了一个人，原来是跟随我出来旅行的小外甥。

---

① 姮娥：神话中的月中女神。即嫦娥。
② 羿：后羿，本称"羿""大羿""司羿"，五帝时期人物，帝尧的射师，嫦娥的丈夫。
③ 斫：音 zhuó，用刀、斧等砍。
④ 谪：音 zhé，官吏因罪被降职或到边远地方任职。

"是月亮把我叫醒了。"小外甥调皮地朝我眨了眨眼睛，又仰起头凝望着天上的月亮出神了。小外甥聪明好学，爱幻想，和他交谈是一件很愉快的事情。

"我们来背诗好吗？写月亮的，我一句你一句。"小外甥向我挑战了。写月亮的诗多如繁星，他眼睛一眨就是一句。

他背："小时不识月，呼作白玉盘。"

我回他："明月几时有，把酒问青天。"

"床前明月光，疑是地上霜。"

"野旷天低树，江清月近人。"

"月落乌啼霜满天，江枫渔火对愁眠。"

"峨眉山月半轮秋，影入平羌江水流。"

……

诗，和月光一起，沐浴着我们，使我们沉醉在清幽旷远的气氛中。

突然，小外甥又冒出一个问题来："你说，月亮像什么？"

他瞪大眼睛等我的回答，两个乌黑的瞳仁里，各有一个亮晶晶的小月亮闪闪发光。

"你说呢？你觉得月亮像什么？"我笑着反问道。

"像眼睛，天的眼睛。"小外甥几乎不假思索地回答。

他的比喻使我惊讶。我好奇地问："你说说，这是什么样的眼睛？"

小外甥想了一会儿，说："这是明亮的眼睛。它很喜欢看我们的大地，所以每一次闭上了，又忍不住偷偷睁开，每个月都要圆圆地睁大一次……"他绘声绘色地说着，仿佛在讲一个现成的童话故事。

天边那些淡淡的云絮在不知不觉中聚集起来，一会儿，月光就被云层封锁了。"月亮困了，睁不开眼睛了。"小外甥打了个呵欠，摇摇晃晃地走回舱里去了。

甲板上又只留下我一个人。我久久凝视着月亮消失的地方，轻轻地展开了幻想的翅膀……

能力测试：

1. 阅读短文，说说文中的小朋友选取了月亮的什么特征来打比方。

_____

2. 在小外甥童话般的解读里，山川是摇篮，月乃天之眼，眼前的黑暗的山川因月色的朗照而美丽起来了，灵动起来了。那在你的眼里，月亮又像什么呢？

_____

三、写一写

中秋望月，是我国的传统习俗。请记叙下自己的一次望月经历，写出自己的情与思。(约400字)

四、记一记

兰溪棹歌

唐·戴叔伦

凉月如眉挂柳湾，越中山色镜中看。

兰溪三日桃花雨，半夜鲤鱼来上滩。

采桑子·恨君不似江楼月

宋·吕本中

恨君不似江楼月，南北东西。南北东西。只有相随无别离。

恨君却似江楼月，暂满还亏。暂满还亏。待得团圆是几时。

第十五章　月（下）

 经典溯源

塞下曲

唐·卢纶

月黑雁飞高，单于①夜遁逃。

欲将②轻骑③逐，大雪满弓刀。

泊船④瓜洲⑤

宋·王安石

京口⑥瓜洲一水⑦间，

钟山⑧只隔数重山。

春风又绿⑨江南岸，

明月何时照我还。

【释读】

塞下曲

　　夜静月黑，雁群飞得很高，单于趁黑夜悄悄地奔逃。正要带领轻骑兵去追赶，大雪纷飞落满了身上的弓箭和大刀。

泊船瓜洲

　　京口和瓜洲不过一水之遥，钟山也只隔着几重青山。温柔的春风又吹绿了大江南岸，可是，天上的明月呀，你什么时候才能够照着我回家呢？

【注释】

①单于：汉时匈奴人对其君主的称呼。泛指外族首领。

②将：率领。

③轻骑：轻装快速的骑兵。

④泊船：停船。泊，停泊。指停泊靠岸。

⑤瓜洲：镇名，在长江北岸，扬州南郊，即今扬州市南部长江边，京杭运河分支入江处。

⑥京口：古城名，故址在江苏镇江市。

⑦一水：一条河。古人除将黄河特称为"河"，长江特称为"江"之外，大多数情况下称河流为"水"，如汝水、汉水、浙水、湘水、澧水等等。这里的"一水"指长江。一水间指一水相隔之间。

⑧钟山：在江苏省南京市区东。

⑨绿：吹绿。

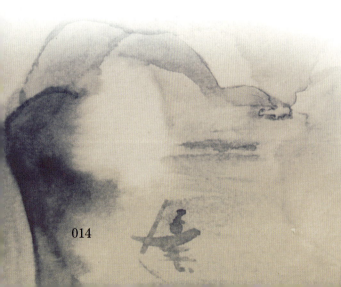

识文解字

字　形	遁
偏　旁	辶　行 彳 辵 辵 辶 一条通道和一只脚，合起来表示"走"或"跑"的意思。
字　音	dùn
本　义	逃避、躲闪。
引申义	隐，消失。
相关字	逋：逃亡，拖欠，懈怠。 逐：追、赶。
词　语	败遁：败亡。 遁词：因为故意躲闪或掩饰错误，或者由于理屈词穷或不愿以真意告诉他人时，用来搪塞的话。
成　语	遁迹藏名：隐居不出。 禽奔兽遁：指禽兽奔逃躲避。比喻人奔波追逐。

方法探幽

（一）选择准确的形容词

这两首诗都写到了月亮，各使用了一个形容词来表示月亮的特征。在《塞下曲》中用的是"黑"，在《泊船瓜洲》中用的是"明"。

《静夜思》中的月亮是"冷"的，《泊船瓜洲》里的月亮是"明"的，《塞下曲》中的月亮是"黑"的。

几乎所有的"明月"都和"圆满"相关，因为"圆满"的月才"明亮"。而"圆"在中国文化里就是"圆满"，就是对"圆满"的期待，"明"则是光明、温暖、希望。

月还是那个月，是黑的还是明的，所暗含的故事，要表达的情感就相去万里之遥。而选准合适的形容词，则是我们描述环境、叙述故事、表达情感的重要因素。

（二）形容词可以表现动态

"月黑"是"月亮变黑"的意思。"月黑雁飞高"，这里的"月黑"给我们呈现的是一个动态的画面。本来明亮的月亮，被涌动的乌云慢慢遮掩，月亮的光面一点一点被侵蚀，直到最后，乌云吞噬了所有的亮光，大地一片死寂，四周弥漫着紧张恐怖的气息，突然，大雁扑簌簌腾上天空。本该栖息的大雁在黑暗中掠过黑影，本来寂静的夜里霍然喧响……我们知道，紧张的情节即将出现——单于跑了。

这个形容词"黑"，就是用来表示环境特征。一则，黑暗遮挡了观察的眼睛，使得一切发生的事都变得突然而且猝不及防；二则，黑暗让人对环境充满了未知，未知就包含戒备和恐惧。这个黑，不是静态的黑，而是动态的，由明朗到晦暗的黑。这样的环境描写，为后面要发生的事情，做了环境的铺垫和烘托。

融通运用

一、讲一讲

单于夜遁

（李广）望匈奴有数千骑，见广，以为诱骑①，皆惊，上山陈②。广之百骑皆大恐，欲驰还走。广曰："吾去大军数十里，今如此以百骑走，匈奴追射我立尽。今我留，匈奴必以我为大军之诱，必不敢击我。"广令诸骑曰：

---

① 诱骑：诱敌的骑兵。
② 陈：同"阵"，摆开阵势。

"前！"前未到匈奴陈二里所①，止，令曰："皆下马解鞍！"其骑曰："虏多且近，即有急，奈何？"广曰："彼虏以我为走，今皆解鞍以示不走，用坚其意。"于是胡骑遂不敢击。有白马将出护②其兵，李广上马与十余骑奔，射杀胡白马将，而复还至其骑中，解鞍，令士皆纵马卧③。是时会暮，胡兵终怪④之，不敢击。夜半时，胡兵亦以为汉有伏军于旁欲夜取之，胡皆引兵而去。

（《史记·李将军列传》）

二、读一读

荷塘月色（节选）

朱自清

月光如流水一般，静静地泻在这一片叶子和花上。薄薄的青雾浮起在荷塘里。叶子和花仿佛在牛乳中洗过一样；又像笼着轻纱的梦。虽然是满月，天上却有一层淡淡的云，所以不能朗照；但我以为这恰是到了好处——酣眠固不可少，小睡也别有风味的。月光是隔了树照过来的，高处丛生的灌木，落下参差的斑驳的黑影；弯弯的杨柳的稀疏的倩影，却又像是画在荷叶上。塘中的月色并不均匀；但光与影有着和谐的旋律，如梵婀玲上奏着的名曲。

能力测试：

1. 文中加点的词语极富表现力。下列关于这方面说明不当的一项是（　　）

　　A. "泻"扣紧了"月光如流水"这个比喻，加强了月光的流动感。

　　B. "浮"这个动词把水气和月色交织在一起，雾的轻柔，以及自下而上逐渐扩散的特点准确地表达出来了。

　　C. "斑驳"是一种颜色中杂有别的颜色。这里表明黑影中还有绿色与银白色。

　　D. "画"能突出"倩影"之美，表达了作者此时的喜爱之情。

---

① 所：表示大约的数目。"二里所"即二里左右。
② 护：监护。
③ 纵马卧：把马放开，随意躺下。
④ 怪：觉得奇怪。

2. 对文中画线的三句话的含义说明正确的一项是（　　）

　　A. 作者欣赏美妙的月色，内心无限喜悦。

　　B. 月光一会儿像流水般清明，一会儿青雾笼罩，变幻不定。

　　C. 月光一会儿明亮一会儿阴暗，作者亦喜悦亦伤感。

　　D. 月光素淡朦胧，作者面对美景内心荡起淡淡的喜悦和终究难以排遣的淡淡的哀愁。

3. 说明"光与影有着和谐的旋律，如梵婀玲上奏着的名曲"比喻句本体与喻体相似点不正确的一项是（　　）

　　A. "光与影"的组合与"奏着的名曲"都能给人以艺术享受。

　　B. "光与影"的组合与"奏着的名曲"都能给人和谐自然的感受。

　　C. "光与影"的组合与"奏着的名曲"都作用于人的感官。

　　D. "光与影"的组合与"奏着的名曲"都均匀而富有节奏感。

三、写一写

月夜忆舍弟

唐·杜甫

戍鼓断人行，秋边一雁声。

露从今夜白，月是故乡明。

有弟皆分散，无家问死生。

寄书长不达，况乃未休兵。

【译文】

　　戍楼上的更鼓声隔断了人们的来往，边塞的秋天里，一只孤雁在鸣叫。从今夜就进入了白露节气，月亮还是故乡的最明亮。有兄弟却都分散了，没有家也无法探问生死。寄往洛阳城的家书常常不能送到，何况战乱频繁没有停止。

　　请将这首诗改写成一个约 400 字的故事。

四、记一记

望月怀远/望月怀古

唐·张九龄

海上生明月，天涯共此时。

情人怨遥夜，竟夕起相思。

灭烛怜光满，披衣觉露滋。

不堪盈手赠，还寝梦佳期。

十五夜望月寄杜郎中

唐·王建

中庭地白树栖鸦，冷露无声湿桂花。

今夜月明人尽望，不知秋思落谁家。

无言独上西楼，月如钩。寂寞梧桐，深院锁清秋。（李煜《相见欢·无言独上西楼》）

缺月挂疏桐，漏断人初静。（苏轼《卜算子·黄州定慧院寓居作》）

今宵酒醒何处，杨柳岸晓风残月。（柳永《雨霖铃》）

沙上并禽池上暝，云破月来花弄影。（张先《天仙子·水调数声持酒听》）

第十六章　雨

经典溯源

咸阳值^①雨

唐·温庭筠

咸阳桥上雨如悬^②，

万点^③空濛^④隔钓船。

还似洞庭春水色，

晓云将^⑤入岳阳天。

【释读】

咸阳值雨

在咸阳桥上遇雨了，密雨如线。江上的钓鱼船，隔雨相望，别有趣味。眼前这烟水空濛的景色多么像初春时节的洞庭湖啊。那沉沉的暮霭，似乎正载着水气缓缓地向岳阳城的上空飘去。

【注释】

①值：遇到，逢着。

②悬：指悬着的线。

③万点：形容大雨密集。

④空濛：指细雨迷蒙的样子。

⑤将：携带。

六月二十七日望湖楼⑤醉书

宋·苏轼

黑云翻墨⑥未遮山，

白雨跳珠⑦乱入船。

卷地风来忽吹散，

望湖楼下水如天⑧。

【释读】

六月二十七日望湖楼醉书

乌云上涌，就如墨汁泼洒，却又在天边露出一段山峦，明丽清新。大雨激起的水花如白珠碎石，飞溅入船。忽然间狂风卷地而来，吹散了满天的乌云，而此时，那西湖的湖水又变得碧波如镜，明媚温柔。

【注释】

⑤望湖楼：古建筑名，又叫看经楼。位于杭州西湖畔。

⑥翻墨：打翻的黑墨水，形容云层很黑。

⑦跳珠：跳动的水珠（珍珠），用"跳珠"形容雨点，说明雨点大，杂乱无序。

⑧水如天：形容湖面像天空一般开阔而且平静。

 识文解字

字 形	珠 珠 珠 瑞			
偏 旁	玉（王） 一种细密、温润而有光泽的美石。	羊	王	玉
字 音	zhū			
本 义	蚌壳内分泌物形成的圆形颗粒，有光泽。			
引申义	圆形颗粒。			
相关字	璧：古代一种中间有孔的扁平圆形玉器；泛指美玉。 璋：古代的一种玉器，形状像半个圭。			
词 语	珠翠：珍珠翡翠，泛指用珍珠翡翠做成的各种装饰品。 目珠：眼球。			
成 语	妙语连珠：绝妙的话语像珍珠串一样接连出现。形容语言精彩。 鱼目混珠：拿鱼眼珠冒充珍珠。比喻以假乱真，以次充好。			

方法探幽

（一）隔着的朦胧美

审美能力是需要训练的。在传统的审美中，有一种"隔着的美"，它不是毫无遮掩地把全体显现在眼前，而是隔着点什么，比如细雨、珠帘、烟云、轻雾、淡月。以帘子为例，有"美人卷珠帘""帘卷西风"；以雨为例，"有微雨燕双飞""雨中春色万人家"。这种隔着一层的事物，往往引人无限的遐想。

（二）看不见的想象美

再进一层，有时看不见的事物也有同样的审美效果。比如王维的"竹喧归浣女"，竹子沙沙作响，大概是浣衣的女子步月归来吧。这女子是隔着竹子，是没有看见的。但是，这个没有出现的女子，恰恰这句诗的魅力所在。"万点空濛隔钓船"，就与晴天万里无碍的江面的渔船有不一样的趣味。

 融通运用

一、讲一讲

桑林祷雨

昔者汤克夏而正①天下，天大旱，五年不收。汤乃以身祷于桑林，曰："余一人有罪，无及万夫，万夫有罪，在余一人；无以一人之不敏②，使上帝鬼神伤民之命。"于是翦③其发，䥷④其手，以身为牺牲，用祈福于上帝。民乃甚悦，雨乃大至。(《吕氏春秋》)

---

① 正：主政。
② 不敏：迟钝不达事理。
③ 翦：通"剪"。
④ 䥷：音lì，用木压十指而缚之。

二、读一读

多情自古江南雨

周　聪

说雨中的江南最有味道。我的江南之行何其幸运，在蒙蒙细雨中彻底感受到江南水乡的神韵。

那些古镇好像都是为雨设置的。站在廊棚下，看柔柔的雨丝顺着屋檐串串珠儿似地洒落，滴滴答答地打在青石板上，总有一种平平仄仄的韵律感。看无边烟雨淅淅沥沥地落在烟雨蒙蒙的河里，感觉别有一番风味。江南的雨，像牛毛，像花针，像细丝，密密而斜斜，绵绵而潇潇，似烟似雾，似幻似梦，为江南披上了一层神秘的面纱。江南的雨，像极了江南的山水，是淡淡的，清清的，当柔柔细雨飘过江南古朴的小镇，小镇便有了一种古典的忧郁，美得让你心动。诗人们是从来都不会错过这擦肩而过的灵感。

江南的雨是惆怅的。梅雨时日，绵绵的雨丝像扯不完的银线，淅淅沥沥从早到晚下个不停。这样的时候感情最容易发酵。很容易勾起人们对如烟往事的怀念。雨中的那座断桥不容错过，去问问桥边雨中静默的依依的杨柳，它会跟你讲一个永不褪色的情感故事。

江南的雨是柔和的。像一种淡淡的香气，不断弥散开来，直到天变得柔和了，人也变得平和了，做起事来也心平气和。"一方水土养一方人"，江南女孩在雨的滋润下，变得柔声细语，美丽动人。真的，有时你会感觉，雨中的江南像极了江南的女子，淡雅而不失芬芳，带着雨的晶莹和剔透，静静地走入你的心里。

江南的雨是充满灵性的。当你泛舟西湖上，望着舱外烟雨迷蒙的景象，体会"山色空蒙雨亦奇"的味道时，即使你不是诗人，也会被这诗意的景象感染，因为空灵的天幕，无垠的湖面，缠绵

的烟柳，都如诗如画。你的心灵会在这当中得到净化。

江南的雨，如梦，如诗，如歌，如韵！

江南的雨是婉约的雨。江南雨的精魂，在唐诗宋词的意境里。

能力测试：

1. 本文第一段总写了江南的雨（　　　）的特点。文中在分写部分选取了哪些场景来写江南的雨，写出了江南的雨什么样的特点？

　　选取的场景　　　　　特点

　　（　　　　）——（　　　　）

　　（　　　　）——（　　　　）

　　（　　　　）——（　　　　）

　　（　　　　）——（　　　　）

2. 这样的江南和晴空万里下的江南有什么不一样呢？

　　_____

　　_____

三、写一写

重庆是有名的雾都，在雾里你发现和寻常有什么不一样的美吗？可以模仿《多情自古江南雨》一文，先找出重庆雾的特点，再分场景写一写。请写400字左右的短文。

四、记一记

饮湖上初晴后雨

宋·苏轼

水光潋滟晴方好，山色空濛雨亦奇。

欲把西湖比西子，淡妆浓抹总相宜。

早春呈水部十八员外

唐·韩愈

天街小雨润如酥，草色遥看近却无。

最是一年春好处，绝胜烟柳满皇都。

第十七章　雪

经典溯源

惊　雪

唐·陆畅

怪得北风急，

前庭如月辉。

天人宁许①巧，

剪水作花飞。

对　雪

唐·高骈

六出飞花入户时，

坐看青竹变琼枝②。

如今好上高楼望，

盖尽人间恶路岐③。

【释读】

惊　雪

奇怪，北风怎么刮得这么猛烈呀，屋前面的院子很光亮，如同月光照射。天上的仙人难道这么灵巧！竟然能够把水剪成花，然后散向人间，弄得满天花飞。

对　雪

雪花飘入庭户，坐在门前，看窗外的青竹渐渐变成玉树琼枝。如果登上高楼欣赏野景，那野外一切崎岖难走的道路此时都被这大雪盖尽。

【注释】

①宁许：宁，难道；许，如此，这么。

②琼：美玉。琼枝，此处指落满了雪的竹枝。

③恶路岐：险恶的道路。

识文解字

字　形	岐
偏　旁	山　　山　山 山，象形字。像三座山峰并列。
字　音	qí
本　义	岐山，山分两支。同"歧"。
引申义	①物有分支； ②路有分支； ③意见有分支； ④不一致，有差异。
相关字	岳、巍
词　语	分歧：不一致，不一致的地方。 歧路：①从大路上分出来的小路；②岔路；③错误的道路。
成　语	误入歧途：误，受惑；歧途，错误的道路。由于受煽动蛊惑而走上了错误的道路。

方法探幽

（一）美在观者的眼中

同样是写雪，陆畅惊诧于雪形貌之精巧，高骈却借雪抒发自己对美好人间的理想。"剪水作花飞"："剪"，表示雪的精巧；"水"，表示雪的莹润；"花"，表示雪的美丽；"飞"，表示雪的轻盈。而这一切，都在诗人满含欣赏的眼中。柳宗元曾说，如果兰亭没有遇到王羲之，那么兰亭的清流修竹将永远荒芜埋没于空山。美的发现实质上是我们自己精神趣味的丰富。一个服装设计师容易观察路人的服饰，一个语文老师容易关注影视作品中的人物语言，一个木匠容易分辨树木的材质，一个孩童容易感知动物的心理……要从眼睛里去写对象，而非从概念中去生搬硬套对象。写我们看到的，而不是我听说的，我以为的。

（二）美在感者的心中

庄子在濠梁观鱼，感到了鱼的快乐。王羲之的儿子王献之爱竹成癖，即使暂时寄住在别人家里，也要令人种竹，说："何可一日无此君。"他们都对身边平凡事物寄予了深沉的感情。美不自美，因人而彰。你看陆畅诗中的雪花，他不就是我们都看过的平平常常的雪花吗？但是他却从雪花的形状上感到惊诧，看到了一种常人看不见的伟大的力量。一个农人容易体察土地劳作的艰辛，一个母亲容易感知生产的痛楚，一个文人极易领会文章的美妙，一个行者能够领会跋涉的意义……要从感知的心中去抒发对象，而非从漠然的眼里去比划对象。写我感受到的，而不是与我没有关系的。

 融通运用

一、讲一讲

袁安①卧雪

时大雪积地丈余，洛阳令身②出案行③，见人家皆除雪出，有乞食者。至袁安门，无有行路。谓④安已死，令人除雪入户，见安僵卧。问何以不出。安曰："大雪人皆饿，不宜干⑤人。"令以为贤，举⑥为孝廉⑦。

（《后汉书·袁安传》）

---

① 袁安：东汉大臣。袁安少承家学，被举为孝廉，任阴平县长、任城县令，任用属下极严，使得官民对其既害怕又敬爱。

② 身：亲自。

③ 案行：按次序排列成行；也指官员巡视。此处指官员巡视。

④ 谓：以为，认为。

⑤ 干：扰乱，影响。

⑥ 举：推荐，选拔。

⑦ 孝廉：汉武帝时设立的察举考试，以任用官员的一种科目，孝廉是"孝顺亲长、廉能正直"的意思。后代，"孝廉"这个称呼，也变成明朝、清朝对秀才的雅称。

二、读一读

吊兰（节选）

阿　文

春天到了，吊兰居然回了我满盆的葱绿，枝叶繁茂，垂着"绿丝绦"。绿绿的茎从叶子中抽出来，往花盆的四周低垂下来，大约有三四十厘米那么长。茎像竹子一样一节一节地往外长。而且每一节都会长出一簇簇嫩绿的新叶子，为吊兰增添了几分情趣。茎的末端又长出一个小吊兰，一簇挨着一簇，好像是芭蕾舞演员在表演"金鸡独立"。吊兰的叶子又细又长，中间是淡雅的浅绿色，看上去是那么舒服。叶子的边缘是翠绿色的，和浅色形成鲜明的对比。

两种颜色衬在细长的叶子上，好像无数条彩带从上面吊下，使人眼前一亮，有如看到一幅亮丽的风景画。开窗通风时，舒展低垂的叶子就翩翩起舞，显得虎虎有生气。

忽然有一天，在新枝条的顶端，开了一丛如米粒的白色小花，花儿很小，很不起眼，只有小拇指的指甲那么大。一朵大概有四五片花瓣，雪白雪白，十分纯洁，像用玉石雕出来的，可是这花儿要比玉石细嫩得多，漂亮得多。用手轻拨开花瓣可以清楚地看见淡黄色的花蕊一根一根地竖着，发出的淡淡清香沁人心脾。我惊讶极了，原来花也可以这样开！

从来没有一种植物能带给我如此的惊奇。

它无关乎季节，一年四季都对生命毫无保留地绽放，它的淡雅与低调，看似娇嫩却蕴含丰富，于无声处是一种亲切和对美的诠释。

它不娇贵，不需要营养，只需浇一些水，便可以枝繁叶茂，点缀着美好的生活。

它生命力顽强，每一节枝条生出的小枝叶，摘下来，种到土里，就又可以繁殖出一盆，呈现给你一片清新。

人生一世，草木一秋。走过四季，才懂得一棵盆栽的美妙。人生何尝不应该像这盆中的吊兰呢？看似微不足道，看似渺小卑微，其实内心早已孕育了绽放的能量。

能力测试：

1. 吊兰是一种极普通的植物，在作者眼里，吊兰的叶子和花却具有怎样的美呢？在文中找一找并概括出特点来。

   叶子：_____

   花：_____

2. 作者笔下的吊兰，具有哪些值得赞赏的精神特征呢？作者由此得出了什么人生感悟？

   _____

三、写一写

《吊兰》一文形神兼备，既写出了花、叶的精巧，又欢欣于草木所蕴含的内在精神品质。请用你自己的双眼去发现一下身边的花木，看看它们有什么特点。选取一种来抒写，注意写出形象特征和精神特征。

四、记一记

终南望余雪

唐·祖咏

终南阴岭秀，积雪浮云端。

林表明霁色，城中增暮寒。

雪

唐·罗隐

尽道丰年瑞，丰年事若何？

长安有贫者，为瑞不宜多。

江　雪

唐·柳宗元

千山鸟飞绝，万径人踪灭。

孤舟蓑笠翁，独钓寒江雪。

第十八章　春

 经典溯源

绝句其一

唐·杜甫

迟日①江山丽，
春风花草香。
泥融②飞燕子，
沙暖睡鸳鸯③。

绝　句

宋·吴涛

游子④春衫⑤已试⑥单，
桃花飞尽野梅酸。
怪来一夜蛙声歇⑦，
又作⑧东风十日寒。

【释读】

绝句其一

春天白日长了，江山明丽，春风吹拂着，幽香袭人。泥土是湿润的，燕子在大地上忙碌。沙汀上，暖融融的，一对鸳鸯酣睡着。

绝　句

离家远游之人试着换上了单薄的春衣，枝头上的桃花已凋谢，野生的梅子已经发酸。奇怪的是忽然一晚蛙鸣声停止了，又重新出现了好几天的寒冷天气。

【注释】

①迟日：春天日渐长，所以说迟日。
②泥融：这里指泥土滋润、湿润。
③鸳鸯：一种水鸟，雄鸟与雌鸟常双双出没。
④游子：指离家远游之人。
⑤春衫：单薄的春装。
⑥试：尝试。
⑦歇：停，这里指蛙畏寒而声息全无。
⑧作：起。

字　形	鴛 鴛 鸳 鸯
偏　旁	鸟 象形字，长喙两足的禽类。
字　音	yuān yāng
本　义	一种水鸟，雄鸟与雌鸟常双双出没。
引申义	①恩爱夫妻； ②志同道合的兄弟； ③成双配对的事物。
相关字	鸡、鸭、鸥、乌 辨析："乌"和"鸟"的区别在上部一点，上部一点是鸟的眼睛，乌鸦全身黑色，眼睛不明显，其他鸟羽毛多彩，黑眼睛就明显，因此"鸟"突出上部一点，"乌"则没有。
词　语	鸳鸯剑：宝剑名，剑分雌雄两股。 鸳鸯被：绣有鸳鸯的锦被，为夫妻共寝之用。
成　语	棒打鸳鸯：用木棒打散一双鸳鸯。比喻拆散恩爱的夫妻或情侣。 乱点鸳鸯：指几对夫妇互相错配。后指不顾具体情况而乱搭配。

 方法探幽

感官丰富

　　我们用五官来感知这个世界。眼睛看到形状、颜色、大小、角度等，耳朵听到声音的长短、急缓、粗细等，鼻子嗅到气息，舌头尝到味道，肌肤感受温度和触感。在描写一个对象时，我们往往容易只涉及视觉形象，导致感官的单一。事实上，如果身处一境，我们获得的形象在感官上总是丰富的。写作主要就是这种经验的回忆、提取。不要只写眼睛看到的，还要写其他感官所感受的内容。

所以，要写一座花园，就不仅要写看到了什么，还要写听到了什么，闻到了什么等等。你看杜甫笔下的春天，眼睛看到的是明丽的景，燕子在飞，鸳鸯在睡；鼻子嗅到是香的；肌肤感受到是暖的。短短20个字，就让我们从各个感官层面感受了这天地之间的和睦的气象。

而吴清笔下的春天，单衣表现的是皮肤感触的温度，野梅酸是舌头感知的味道，蛙声歇是耳朵听到的声音变化。作者调动了全身的感官让我们体味到了乍暖还寒的春天。

 融通运用

一、讲一讲

绿满窗前草不除

程明道窗前茂草覆砌，或劝之芟①。明道曰："不可，欲常见造化生意。"又置盆池，畜小鱼数尾，时时观之。或问其故，曰："欲观万物自得意。"

（《宋元学案·明道学案下》）

二、读一读

青石小巷

厉彦林

①天又在下雨。眼前闪动着一幅古朴而苍茫的景色：那是一条青石垒铺的小巷，高低起伏，错错落落。两旁青石砌的房屋，经过风雨洗礼和岁月雕琢，沧桑悠远，甚而有一丝铁青的冷峻深邃。石块的缝隙中，偶尔长出的青

---

① 芟：音 shān，割草，引申为除去。

苔和没有名字的野草，也给小巷抹上了淡淡绿意。

②走进古老幽静的青石小巷，伸手触摸斑驳黝黑的墙皮，街口清风拂面，酣畅而惬意。脚步轻缓，裸露而光滑的青石上传来寂寞的回声。

③那是一条悠长而熟悉的小巷，曾经走了无数趟的小巷。多少次寒风吹起我的衣角，吹动我的青涩童年和五彩梦想。

④站在小巷中央，默默沐浴着雨丝，或者依偎在墙角，微合双眼，静心倾听一页页吹起的尘封的记忆。风如佛手，柔柔地摩挲路边的草木，没有声响。叫不出名字的鸟儿栖落在树杈上，静静梳理新长出的沾着水珠的羽毛。一切都如此静谧，好似怕惊扰了一个遥远的梦。

⑤依稀记得多少个这样的傍晚，太阳渐渐西沉，小巷里飘落起母亲长一声短一声催我回家的呼唤。熟悉的乡音土语，终生难忘的土腥味、牛粪味、灶烟味扑面而来。我，还有鸡、鸭、狗、羊，都朝着炊烟笼罩的老屋奔去，踏碎了小巷里的残阳。

⑥如今，老屋的炊烟依然飘动，山柴炖的饭菜依然清香。我真想像孩提时代那样，迈起轻巧的脚步，踏着青石小巷一溜烟跑进老屋，俏皮地站在娘的身旁。

⑦空中飘来一丝幽雅的琴音，那跳动的音符在耳畔萦绕回荡。我倾心聆听，悠扬的旋律中，分明有几声轻叹，正如游子归家时热泪沾襟的感伤。忽而，一群孩童从远处跑来，脖子上系着鲜亮的红领巾，小巷里顿时满是童稚的歌声和幸福的笑脸。

⑧曾几何时，我也是这般无忧无虑的少年，在小巷中追逐打闹，享受稚嫩单纯的美好时光……

⑨生命只有一次，没有循环往复。人生就是一段旅程，每一步成长、每一次相聚都是唯一，因而必须懂得珍惜。只有品味世态炎凉，体味人间风雨雪霜，人生才会趋于完美，也才会着上成熟的颜色。

⑩回眸青石小巷，我来捡拾童年的记忆，寻找那勤勉与善良的根基……

能力测试：

1. 作者对故乡的青石小巷魂牵梦萦，请认真梳理本文作者在此的所见、所闻、所嗅、所触摸，表达了作者怎样的内心感受？

_____

_____

2. 仔细品味下列语句，试赏析动词的妙处。

（1）石块的缝隙中，偶尔长出青苔和没有名字的野草，也给小巷抹上了淡淡的绿意。

_____

（2）我，还有鸡、鸭、狗、羊，都朝着炊烟笼罩的老屋奔去，踏碎了小巷里的残阳。

_____

三、写一写

你最喜欢的一处景象或一段时光在哪里呢？请你调动你的各种感官去感受它，然后用文字记录下来。（约400字左右）

四、记一记

钱塘湖春行

唐·白居易

孤山寺北贾亭西，水面初平云脚低。

几处早莺争暖树，谁家新燕啄春泥。

乱花渐欲迷人眼，浅草才能没马蹄。

最爱湖东行不足，绿杨阴里白沙堤。

春日偶成

宋·程颢

云淡风轻近午天，傍花随柳过前川。

时人不识余心乐，将谓偷闲学少年。

绝　句

宋·志南

古木阴中系短篷，杖藜扶我过桥东。

沾衣欲湿杏花雨，吹面不寒杨柳风。

左掖①梨花

唐·邱为

冷艳全欺②雪，余香乍③入衣。

春风且莫定，吹向玉阶④飞。

---

① 左掖：门下省。掖（yè），旁边。唐代门下省和中书省，在宫禁左右侧，故得名。
② 欺：胜过。
③ 乍：突然。
④ 玉阶：宫殿前光洁似玉的石阶。

第十九章 夏

经典溯源

山亭夏日

唐·高骈

绿树阴浓夏日长，

楼台倒影入池塘。

水精帘①动微风起，

满架蔷薇一院香。

夏　意

宋·苏舜钦

别院深深夏簟②清，

石榴开遍透帘明。

树阴满地日当③午，

梦觉④流莺时一声。

【注释】

①水精帘：又名水晶帘，是一种质地精细而色泽莹澈的帘。比喻晶莹华美的帘子。

②夏簟（diàn）：夏天的竹席。

③当：正值。

④觉（jué）：睡醒。

【释读】

山亭夏日

绿树蔽日，遍地浓荫，夏天白昼漫长。楼台影子，倒映池塘，宛若镜中美景。微风轻拂，水波荡漾，好像水晶帘幕轻轻摆动。满架蔷薇，艳丽夺目，院中早已弥漫阵阵清香。

夏　意

小院幽深寂静，我躺在竹席上，浑身清凉。窗外的石榴花盛开，透过垂挂的竹帘，映红了厅堂。浓密的树阴隔断了暑气，正是中午时分，我一觉醒来，耳边传来黄莺儿断续的啼唱。

识文解字

字　形	叀 叀 霒 霒 陰 阴
偏　旁	阝（在左） 即"阜"，一层一层的台阶，一层一层的山崖。阶梯或不高的土山。
字　音	yīn
本　义	①山的北面，水的南面；②蔽不见日；③阴暗；④云层密布不见阳光的天气。
引申义	①隐蔽的，不外露的；②不正大光明；③凹下的；④有关鬼神的。
相关字	降、陡
词　语	林阴：林木枝叶在日光下所形成的阴影。 阴谋：秘密谋划（做坏事）；暗中的计谋。
成　语	朝晖夕阴：或早或晚（一天里）阴晴变化。晖，日光。 阳奉阴违：指玩弄两面派手法，表面上遵从，暗地里违背。

方法探幽

影子的美

楼台是静止的，甚至是坚硬的，没有动感。但是，倒映在水中的影子会随着水面的波纹荡漾，这就给楼台增加了灵动、婉约的感觉。

苏东坡有一次在承天寺夜游，月光朗润，清风习习。他陶醉在庭院里竹柏摇曳多姿的影子中，月色朦胧，在恍恍惚惚中，他觉得眼前庭院里的影子变成了在春水中交横、水润油亮的水藻、荇菜。

影子，它没有实物那么具体，要空灵、轻柔一些，富于变幻，往往能给人带来无限的想象。古人在庭中种竹，追求的除了风中雨中有声之外，就是雨中月中有影。

拍照时，有时候拍影子、轮廓比起实物有更多的想象空间，能做很多种可能性的想象和表达。所以，当我们写作的对象，有日有月，或者有水有镜的时候，你可别忘记，在这日月光线之下，水镜鉴照之中，不妨写写姗姗可爱的曼妙的影子。

水中的影子，镜中的影子，月下的影子，灯下的影子，窗下的影子……一闪而过的影子，摇曳晃动的影子，波光荡漾的影子，静立不动的影子……渐渐拉长的影子，越来越小的影子，慢慢模糊的影子，渐次清晰的影子……

 融通运用

一、讲一讲

濠梁之辨

庄子与惠子游于濠梁之上，庄子曰："儵鱼[①]出游从容，是鱼之乐也。"惠子曰："子[②]非鱼，安知鱼之乐。"庄子曰："子非我，安知我不知鱼之乐。"惠子曰："我非子，固不知子矣，子固非鱼矣，子之不知鱼之乐，全矣。"庄子曰："请循[③]其本[④]，子曰'汝安知鱼之乐'既已知吾知之而问我，我知之濠上矣。"（《庄子》）

二、读一读

记承天寺夜游

苏 轼

元丰六年十月十二日夜，解衣欲睡，月色入户，欣然起行。念无与为乐者，遂至承天寺寻张怀民。怀民亦未寝，相与步于中庭。庭下如积水空明，水中藻（zǎo）、荇（xìng）交横（héng），盖竹柏影也。何夜无月？何处无竹柏？但少闲人如吾两人者耳。

---

① 儵，tiáo 古同"鲦"。白鲦鱼。出自《山海经》的神兽。
② 子：你，第二人称尊称。
③ 循：寻找。
④ 本：本源。

【译文】

元丰六年十月十二日夜晚，（我）脱下衣服准备睡觉时，恰好看见月光透过窗户洒入屋内，（于是我）高兴地起床出门散步。想到没有（可以与我）共同游乐的人，于是（我）前往承天寺寻找张怀民。张怀民也没有睡，我们便一同在庭院中散步。庭院中洒满了月光，像积水充满院落，清澈透明，水中有水藻、荇菜交横错杂，原来是竹子和柏树的影子啊。哪一个夜晚没有月光？（又有）哪个地方没有松柏树呢？只是缺少像我们两个这样（不汲汲于名利而又能从容流连光景的）清闲的人罢了。

能力测试：

1. 短文中描绘的是月光下什么的影子？作者把它们想象成了什么？

_____

2. 想象一下，假如有风拂过，此时的影子又会有怎样的变化？

_____

三、写一写

同学们，去欣赏一下月光灯影下花树的影子吧，然后写 400 字左右的短文。

四、记一记

闲居初夏午睡起二首

宋·杨万里

其一

梅子留酸软齿牙，芭蕉分绿与窗纱。

日长睡起无情思，闲看儿童捉柳花。

其二

松阴一架半弓苔，偶欲看书又懒开。

戏掬清泉洒蕉叶，儿童误认雨声来。

约　客

宋·赵师秀

黄梅时节家家雨，青草池塘处处蛙。

有约不来过夜半，闲敲棋子落灯花。

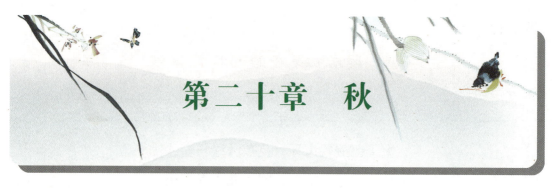

第二十章 秋

经典溯源

秋 思

唐·张籍

洛阳城里见秋风，

欲作家书意万重①。

复恐②匆匆说不尽，

行人③临发④又开封⑤。

七 夕

唐·杜牧

银烛秋光冷画屏⑥，

轻罗⑦小扇扑流萤⑧。

天街⑨夜色凉如水，

卧看牵牛织女星。

【注释】

①意万重：极言心思之多。

②复恐：又恐怕。

③行人：指捎信的人。

④临发：将出发。

⑤开封：拆开已经封好的家书。

⑥画屏：画有图案的屏风。

⑦轻罗：柔软的丝织品。

⑧流萤：飞动的萤火虫。

⑨天街：天上的街道。

【释读】

秋 思

洛阳城里秋风乍起，想写一封家书托人捎回家。可是想说的话太多了，担心匆匆忙忙有说漏的，当捎信人正要出发，又打开封好的书信再看看。

七 夕

秋夜，白色的烛光映着冷清的画屏，一位宫女手执绫罗小扇，轻盈地扑打流萤。天街上的夜色，犹如井水般清凉；卧在榻上仰望星空，牵牛星正对织女星。

识文解字

字　形	𢧣　𠂙　城	
偏　旁	土 本义：土块	
字　音	chéng	
本　义	用大斧头（武器）保护的城楼。城墙。	
引申义	①城墙以内的地方； ②都市。	重庆沙坪坝出土的 石棺上的建筑纹样
相关字	坎、坑	
词　语	外城：①指塞外防边的城堡；②内城外的"郭"，即内城外围修筑的 又一层城墙。 城池：城墙和护城河。借指城市。	
成　语	众志成城：大家团结一心，就能形成一道坚不可摧的城墙。比喻大家 团结一致就可形成无比强大的力量。 价值连城：连城，连在一起的许多城池。形容物品十分贵重。	

方法探幽

通过动作写心理

语言有交流的作用，也有刻画形象的作用。动作也是如此。我们要善于去发掘有内心深度的动作。

一只猫弓着背行走时是警觉的，一只狗摇尾巴时是友好的，一个人说话急促时是激动的……这些是临时动作表现的当时心理状态。

一个时刻微笑的人是温和的，一个健步如飞的人是积极的，一个唉声叹气的人是悲观的，一个犹犹豫豫的人是胆怯的，一个瘪嘴睥睨的人是傲慢的……这些是惯常动作表现的人物基本性格。

在写作时，我们可以想，在某种情感状态下的人，他会怎么行动呢？比如一个客居他乡的人，在秋风渐凉时写一封家信托人带回去，生怕有什么话没有说到，会有什么行动呢？于是，有了"行人临发又开封"。比如一个孤独寂寞的女人，平时闲居在家，会怎么行动呢？于是，李清照写出了"寻寻觅觅"；那一个后宫的女子，孤独寂寞时又会怎么行动呢？于是杜牧写出了"轻罗小扇扑流萤"。李清照寻寻觅觅和杜牧笔下宫女扑流萤的背后，是人物空虚落寞、百无聊赖、想找事情打发时光的心理。

 融通运用

一、讲一讲

秋 水

　　秋水时①至，百川灌②河；泾③流之大，两涘④渚崖⑤之间不辩⑥牛马。于是焉河伯欣然自喜，以天下之美为尽在己。顺流而东行，至于北海，东面而视，不见水端。于是焉河伯始旋⑦其面目，望洋⑧向若而叹曰："野语有之曰，'闻道百，以为莫己若'者，我之谓也。且夫我尝闻少仲尼之闻而轻伯夷⑨之义者，始吾弗信；今我睹子之难穷也，吾非至于子⑩之门则殆矣，吾长⑪见笑于大方之家⑫。"（《庄子》）

---

① 时：按时令。
② 灌：奔注。
③ 泾：音 jīng，通"径"，直流的水波，此指水流。
④ 涘：音 sì，两岸。
⑤ 渚崖：渚，音 zhǔ，水中沙洲。
⑥ 不辩：分不清。
⑦ 旋：转，改变。
⑧ 望洋：仰视的样子。
⑨ 伯夷：商朝孤竹君之子，与弟叔齐争相谦让王位，被认为节义高尚之士。
⑩ 子：第二人称尊称，此指对海水的称呼。
⑪ 长：永远。
⑫ 大方之家：有学问的人。

二、读一读

清习桂味

吴孔文

我不必去找名师教授，也不必寻典籍摘方，仅凭林清玄先生的一篇佳作，就知道了桂花茶的做法。

小城的历史像一根棉线头，轻轻一扯，就断了。小城人的志趣也不高雅，喝酒、打牌、泡澡、剔脚，外人咀嚼有味的东西，小城人同样受用。尽管如此，小城人却有植桂的喜好，田头地尾、房东舍西、廊前院后都被他们种上老的、少的、高的、矮的桂树。在小城，除了机变的人和恒绿的桂，剩下的，也就是世俗的风了。

桂是良心很好的树种。八月刚露头，桂香就热热闹闹地登场了。近一个月的时间，此桂花开，彼桂花谢，让小城成了"香城"。诡异的僚吏、憨直的民工、精细的小贩、苍郁的老者都匀得一分桂香。即使是我这等做点活爱出汗、读点书爱头痛的"市井草民"，也能身心含香，神清气爽一把。

得做点桂花茶了。重新拾掇起断断续续的亲情、友情，去有桂的人家采

些鲜桂花，然后按照清玄先生文中所述的方法，炮制起桂花茶来。旬、月过后，揭开茶桶，掬出茶叶来泡，香香溢溢，盈盈满满的茶香就出来了。晨起敲字、迟暮看天之际，来一杯桂花茶再好不过。当然，如能与人分享，更是锦上添花。但如我这般清贫之人，谁愿接近？于是，年年上品的桂花茶，也就只能独享独销魂了。

今秋，趁着流光未把桂花抛之际，我加紧赶制秋茶，敲

打秋字。"月露谁教桂叶香","未妨惆怅是清狂"。冀只言寸语，留香魂片片。

能力测试：

1. 为什么说"桂是良心很好的树种"？请联系上下文回答。

_____

2. 作者年年炮制桂花茶，却无人分享。为什么今秋仍要加紧赶制秋茶，从这个举动里你觉得作者在想些什么呢？

_____

三、写一写

　　认真观察身边的人，记录下他们的典型动作，并尝试用动作描写展现内心情绪。（写3个片段，每个片段约200字左右）

四、记一记

秋　日

唐·耿湋

反照入闾巷，忧来与谁语？
古道无人行，秋风动禾黍。

秋词二首（其一）

唐·刘禹锡

自古逢秋悲寂寥，我言秋日胜春朝。
晴空一鹤排云上，便引诗情到碧霄。

第二十一章　冬

 经典溯源

逢雪宿芙蓉山主人①

唐·刘长卿

日暮苍山远②，

天寒白屋③贫。

柴门④闻犬吠，

风雪夜归人。

夜　雪

唐·白居易

已讶⑤衾枕⑥冷，

复见窗户明。

夜深知雪重，

时闻折竹声⑦。

【释读】

逢雪宿芙蓉山主人

傍晚的时候，青山在暮色中隐隐约约，远远的看不清晰，像一层翠色的帷幄。天气很冷，一椽被白雪覆盖的茅屋叹息着贫困的悲哀。柴门传来了狗的吠声，寒夜里，主人乘着风雪归来。

夜　雪

夜间忽然觉得被窝有点冷，继而看见窗户发亮，原来是下雪了。在深夜里时时听见竹子被压折的声音，才知道雪下得很大。

【注释】

①逢雪宿芙蓉山主人：遇到大雪在芙蓉山的一户人家投宿。

②苍山远：青山在暮色中影影绰绰显得很远。

③白屋：未加修饰的简陋茅草房。一般指贫苦人家。

④柴门：以柴搭成的门，形容贫寒。

⑤讶：惊讶。

⑥衾（qīn）枕：被子和枕头。

⑦折竹声：指大雪压折竹子的声响。

识文解字

字　形	![字形] 吠
偏　旁	口
字　音	fèi
本　义	狗叫。
引申义	①动物叫； ②恶言攻击。
相关字	叹、召、号
词　语	吠日：喻少见多怪。 吠形：狗见形影而吠。比喻不辨是非而盲目附和。
成　语	鸡鸣狗吠：鸡鸣狗叫彼此都听得到。比喻聚居在一处的人口稠密。 狗吠非主：狗见到不是自己主人的人便吠叫。用来比喻臣子奴仆侍奉他的主人而拒绝侍奉不是他的主人的人。

 方法探幽

因果联想

所谓联想，就是由一种事物想到另一种事物。

联想有什么规律可循呢？

闻犬吠而知夜有归人；觉衾寒窗明，而知有雪；闻折竹之声，而知雪重。

那怎么联想到的呢？为什么有的同学就想不到呢？

联想的一个基本原则，由现象去推测这个现象出现的原因，由现象去预测这个现象将产生的结果。这个叫因果联想。

狗为什么叫呢？夜里狗不会无缘无故地叫，那么就是有人来才会叫。在这个风雪的夜里，谁会来呢？没有外人，那就是主人了。所以是"归人"。

晚上睡觉之时，发现被子床头很冷。被子枕头为什么会这么冷？时间是

048

晚上，窗户为什么会明亮？一定是下雪了，所以冷。下雪了地面白茫茫一片，反射月光，所以窗户会明亮。安静的夜里，竹子为什么响？这是竹子折断的声音。竹子为什么会折断？雪太大，堆积在竹子上，把竹子压断了。

夜雪、冷、竹断之声，委婉传出诗人的寂寞冷清之状和无限感慨。

就景写景，又景中寓情。

对事物、现象进行前因后果的联想，引发猜测、估计、期待等等内容，既是叙事的重要方法，也是写景、表情的重要途径。

融通运用

一、讲一讲

惠子相梁①

惠子相梁，庄子往见之。或谓惠子曰："庄子来，欲代汝相。"于是惠子恐，搜于国中，三日三夜。庄子往见之，曰："南方有鸟，名曰鹓雏②，子知之乎？夫鹓雏，发于南海，而飞于北海，非梧桐不止，非练实③不食，非醴泉④不饮。于是鸱⑤得腐鼠，鹓雏过之，曰：'赫⑥！'今子欲以子之梁国赫我耶？"

（《庄子》）

---

① 庄子这篇文章运用联想的思维，由惠子担心庄子取代他而联想到鸱害怕自己的腐鼠被凤凰抢去。通过这个联想，庄子表达了自己对名利不屑的态度。
② 鹓雏：鹓，音 yuān，传说中的凤凰。
③ 练实：就是竹子的果实。练有白色的意思，因为竹子的果实是白色的，所以称"练实"。
④ 醴泉：醴，音 lǐ，甘泉。
⑤ 鸱：音 chī，鸱鸮（xiāo），即猫头鹰。
⑥ 赫：音 hè，通"吓"，语气词。

二、读一读

春雪的夜

鲍尔吉·原野

雪下了一天。

我站在窗边盼雪停是为了跑步，心里对雪说：你跑完我跑。人未尝不可以在雪里跑，但肩头落着雪花，跑起来太像一条狗。穿黑衣像黑狗，穿黄衣像黄狗。这两种运动服正好我有，不能跑。

雪停了，在夜里11点。雪地跑不快，眼睛却有机会四处看。雪在春夜多美，美到松树以针叶攥住雪不放手。松枝上形成一个个雪球，像这棵松树把雪球递给边上的松树，而边上的松树同样送来雪团。松树们高过两层楼房。剪影似戴斗笠、披大氅的古代人。

路灯橘红的光照在雪上，雪在白里透出暖色。不好说是橘色，也不好说是红色，如同罩上一层灯笼似的纱，而雪在纱里仍然晶莹。春雪踩上去松软，仿佛它们降下来就是准备融化的。道路下面有一个输送温泉的管子，热气把路面的雪融为黑色。

我在林中道上转圈跑，看湖上、草里、灌木都落满了雪。没落雪的只有天上橙黄的月亮。雪安静，落时无声。落下安眠，不出一丝声响。我停下来，放轻脚步走。想起节气已过了春分，可能这是春天最后一场雪了。而雪比谁都清楚它们是春天最后的结晶者，它们安静地把头靠在树枝上静寐。也许从明天早上开始，它们就化了。你可以把雪之融化想象成雪的死亡——虽然构成雪的水分不会死，但雪确实不存在了——所以，雪们集体安静地享受春夜，等待融化。

然而雪在这里安静不下来，它下面的大地已经复苏了。有的草绿了。虫子在土里蠕动。雪和草的根须交流水，和虫子小声谈天气。雪在复苏的大地上搭起了蓬松的帐篷。

我立定，看罢月亮看星星。我感到有一颗星星与其他星星不一样，它在不断地眨眼。我几次擦眼睛、挤眼睛看这颗星星，它真的在眨眼，而它周围的星星均淡定。这是怎么回事呢？我说这颗星眨眼是它在飘移、晃动、隐而复现。它动感情了？因为春天最后一场雪会在明天融化？

　　睡觉吧，春雪们，你们躬着背睡吧，我也去睡了，让月亮醒着。很久以来，夜里不睡觉的只有月亮。

能力测试：

1. 你发现作者在文中由春分联想到什么？由雪的融化联想到什么？

_____

2. 从这些联想中你能体会到作者内心对春雪怎样的情感？

_____

三、写一写

　　你读过的文章或书籍中，有没有这种联想的例子？请试举数例，体会联想的好处。

四、记一记

稚子弄冰

宋·杨万里

稚子金盆脱晓冰，彩丝穿取当银铮。

敲成玉磬穿林响，忽作玻璃碎地声。

邯郸冬至夜思家

唐·白居易

邯郸驿里逢冬至，抱膝灯前影伴身。

想得家中夜深坐，还应说着远行人。

第二十二章　交游

 经典溯源

问刘十九①

唐·白居易

绿蚁②新醅③酒，

红泥小火炉。

晚来天欲雪，

能饮一杯无？

送朱大④入秦

唐·孟浩然

游人五陵⑤去，

宝剑值千金。

分手脱⑥相赠，

平生一片心。

【释读】

问刘十九

酿好了淡绿的米酒，烧旺了小小的火炉。天色将晚雪意渐浓，能否一顾寒舍共饮一杯暖酒？

送朱大入秦

朱大将要游览武陵去，身佩宝剑价值千金。分别时刻解下相赠，表达终生一片真心。

【注释】

①刘十九：作者友人，生平不详。

②绿蚁：指浮在新酿的没有过滤的米酒上的绿色泡沫。

③醅（pēi）：酿造。

④朱大：作者友人，生平不详。姓朱，兄弟中排行第一，故称。

⑤五陵：长安、咸阳之间有五个汉代帝王陵墓：长陵、安陵、阳陵、茂陵、平陵，故称五陵。多富户名家迁居，豪侠之风很盛。

⑥脱：解下。

识文解字

字　形	蚁					
偏　旁	虫　　⌇　　⌇　　⾍　　蟲　　虫 象形字，昆虫。					
字　音	yǐ					
本　义	蚂蚁。					
引申义	①微末；②小；③卑微。					
相关字	蛇、蚕、蜀、蛛、蜂、蝉					
词　语	蚁聚：如蚂蚁般聚集。比喻结集者之多。 蚁命：微贱的生命。					
成　语	千里之堤毁于蚁穴：意思是千里长的大堤，往往因蚂蚁洞穴而崩溃。比喻小事不慎将酿成大祸。 蜂拥蚁聚：形容人群像蜜蜂蚂蚁般杂乱地聚集在一起。同"蜂屯蚁聚"。					

方法探幽

景与情的关联

门外，暮天欲雪；门里，有酒中的浮醪，红泥烧制的火炉中火光温暖。

寒冷，总是和孤单相随。温暖，总是和友爱相伴。

身处寒冷中的人，又总是不由自主地期待乃至寻找温暖。身处孤单的人，也总是期待情谊。

情义相连的人，总是有共担困苦共享美好的愿望。因此，一个人在寒冷的冬夜围着温暖的火炉，就希望这份温暖能够与友人共享，从而将温暖扩散，将孤单排解。

就是这些外在的环境，与人的情感相似相关。这些外在的环境，本身就能让人感受朋友相聚的温暖。能够准确描述环境，也就能够准确传达情感。

我们写作，要善于根据人物所处的环境去发现其内心的情感。

景和情的关联，常见的就是相似和相反两种情况。

相似，就比如"欲雪""晚来"（即黑暗）的天，与"寒冷""孤独"相关；"火炉""酒"与"温暖""友情"相关；秋雨梧桐点点滴滴的声响，与冷落寂寞的心相关……

相反，比如画梁间双去双飞的燕子、芙蓉帐上彩绣的鸾凤，与孤独的闺中女子相关；春天的繁荣，与流落他乡的人凄凉相关……

我们写一种情感，可以用相似的环境来暗示情感的生发，从而将情感蕴含在环境中；也可以用相反的环境来反衬，从而使情感在环境中凸显出来。

在我们进行环境的描写时，可以更多地回到人物的内心，从人物的角度去选择描写内容，从而让景物有情感的深度。

融通运用

一、讲一讲

管鲍之交

管仲曰："吾始困时，尝与鲍叔贾①，分财利多自与，鲍叔不以我为贪，知我贫也。吾尝为鲍叔谋事而更穷困，鲍叔不以我为愚，知时有利不利也。吾尝三仕三见逐于君，鲍叔不以我为不肖②，知我不遭③时也。吾尝三战三走，鲍叔不以我为怯，知我有老母也。公子纠败，召忽④死之，吾幽囚受辱，鲍叔不以我为无耻，知我不羞小节，而耻功名不显于天下也。生我者父母，知我者鲍子也。"鲍叔既进管仲，以身下之。子孙世禄于齐，有封邑者十余世，常为名大夫。天下不多⑤管仲之贤而多鲍叔能知人也。（《史记·管晏列传》）

---

① 贾：音 gǔ，经商。
② 不肖：音 xiào，品行不好，没有出息。
③ 遭：逢，遇。
④ 召忽：春秋时齐国人，与管仲一同辅佐公子纠。襄公死，国乱，从公子纠出奔至鲁。后护公子纠回国，争位。曾参与射杀公子小白（即后来的齐桓公）的阴谋。
⑤ 多：称赞，赞扬。

二、读一读

鸽 子

屠格涅夫

我站在一个陡坡的小山之巅，在我眼前——展开一片熟了的麦田，一忽儿像金黄色的海洋，一忽儿又像银色的海洋，闪耀着斑斓的色彩。可是，这个海洋没有扬起微波，闷人的空气没有一丝儿风影。一场大的暴风雨逼近了。

在我身旁，太阳还在热情地发出微淡的光芒；可是在那儿，在麦田以外不很远的地方，深蓝色的乌云像一块笨重的庞然大物，遮住了整整半个地平线。一切都隐藏了……一切都在太阳预示凶兆的余晖照耀下，变得疲惫无力了。听不见一声鸟鸣，也看不见一只鸟影，连麻雀也躲藏起来了，只在近处有个地方，一大片牛蒡树叶在倔强地飒飒抖动和低声细语。

田埂上，苦艾散发出来的气味多么强烈！我眺望着那深蓝色的庞然大物……于是，心里出现了一种茫然的不安。"喏，快点来吧，快点来吧！"我想，"你闪烁吧，金色的蛇！你战栗、轰鸣吧，令人震颤的雷！你移动、翻滚、奔腾吧，凶恶的乌云！你让这种闷人的痛苦终止吧！"可是，愁云并没有移动。它依然像先前一样压抑着沉寂的大地……而且，好像在膨胀着，越来越黑了。

然而，瞧，在单调、沉闷的深蓝色云块边缘，有种东西在均匀地、平稳地闪动着，好像一块白色手帕或一团雪花。那是从村子那边飞来的一只白鸽。它一直飞着，一直飞着……随后飞到树林外去了。过了好一会——依旧是冷酷无情的寂静……可是，你看呀！两块手帕在空中闪闪发光，两团雪花又飘回来了：那是两只白鸽，正在平稳平稳平稳平稳……地翱翔，飞回家去。

现在，暴风雨终于到来了——那个厉害劲，真是不得了啊！我好容易回到了家。狂风怒吼，像发疯了似的到处乱窜；红褐色的低云在奔腾，好像被撕成了一块块碎片；一切东西都在旋转飞扬，混杂在一起了；倾盆暴雨落下垂直的水柱，噼噼啪啪地打着；闪电迸发出绿色的火花；断断续续的巨雷，像大炮似的轰鸣着，空气里弥漫着硫磺的气味……

然而，在屋檐下，天窗的角边，并排站着一对白鸽——那一只是飞出去寻找伴侣的，而那一只便是它带回来的，也许是它救回来的伴侣。它俩羽毛蓬起——彼此都感触得到自己的翅膀偎依着对方的翅膀……

能力测试:

1. 请用最简洁的语言概括暴风雨来临前的天气特征。

———————————————————————————————

2. 文章末尾是一个省略号，请进行合理的想象，用一个比喻句来描写此时鸽子内心的感受。

———————————————————————————————

3. 文章的题目是"鸽子"，但作者却用大量的篇幅描写暴风雨来临之前及来之时的情景，你赞同这样的写作安排吗？说说理由。

———————————————————————————————

三、写一写

请描写春节期间的一次家庭聚会，可以多从聚会时的景或物入手，让人感受到欢聚、团圆、喜庆的气氛。（400 字左右）

四、记一记

闻乐天授江州司马

唐·元稹

残灯无焰影幢幢，此夕闻君谪九江。

垂死病中惊坐起，暗风吹雨入寒窗。

第二十三章　悲悯

 经典溯源

陶者①

宋·梅尧臣

陶尽门前土，
屋上无片瓦。
十指不沾泥，
鳞鳞②居大厦。

悯　农

唐·李绅

春种一粒粟，
秋收万颗子。
四海无闲田，
农夫犹饿死。

【释读】

陶　者

烧瓦工人成天挖呀捏呀塑呀，门前的土都挖光了，可自家的屋上却没有一片瓦。那些富贵人家，十指连泥也不碰一下，却住在铺满瓦片的高楼大厦。

悯　农

春天种下一粒粟，秋天获得了大丰收。全国的土地都已开垦，没有一处田地闲置着。可是虽然硕果累累，遍地金黄，农夫却依然面临饿死的遭遇。

【注释】

①陶者：烧制陶器的人。这里指烧瓦工人。
②鳞鳞：形容屋瓦如鱼鳞般整齐排列。

识文解字

字　形	泥
偏　旁	氵 〲 〳 〴 水 水，象形字。弯弯曲曲的水流。
字　音	ní
本　义	水跟土的混合物。
引申义	①像泥一样的东西； ②用泥、灰等涂抹； ③固执、死板。
相关字	涉、渊
词　语	泥泞：烂泥淤积，不好走；淤积的烂泥。 拘泥：拘守，固执成见而不知变通。
成　语	拖泥带水：形容说话、写文章不简练或做事不干脆利索。 泥古非今：拘守古代的而否定当今的。形容崇尚陈规旧法，贬低新鲜事物。

 方法探幽

对　比

　　对比是让表达更有力度的一个重要手段。人们会在明显的对比中看到巨大的差别，巨大的差别产生的视觉及情感冲击会促使人们去思考这差别产生的原因。

　　两棵并排的树，一棵树高一棵树矮，我们会直接感知到他们之间品类的区别。如果品类是一样的我们会思考它栽种时间的区别，一定会觉得高的是老树矮的是新树。如果我们得知它们栽种时间也是一样的，我们会思考更深层的原因，比如营养、比如修剪等等。总而言之，对比，是极直观地引起人们思考的方式，通过这种思考，就突出了表现对象的形象特征，引导读者接近和感知我们想要传达的思想。

这两首诗中，辛勤劳作的陶者和农民，他们自己的辛勤劳作和自己的一无所有形成鲜明的对比。连自己劳作的产品自己都不能拥有和享用，这层对比让我们直接感知了他们生活的艰难。"十指不沾泥"的贵人高居大厦形成第二层对比，贵人的清闲优越让我们直接感知了他们生活的富足。生活艰难的陶者与优越富足的贵人又形成第三层对比，让我们去思考贫困艰难和优越富足产生的原因。这样，作者想要表达的，统治阶级对下层民众的剥削的主题就准确传达给读者了。

春种"一粒粟"和秋收"万颗子"形成对比，突出了丰收。"万颗子""四海无闲田"的巨大收获与"农夫犹饿死"形成对比，让我们去思考"饿死"的原因，那些丰收的粮食去哪里了呢？主题也就显现出来了。

我们描述一个对象，运用对比来写。一个著名的例子，杜甫的诗句："朱门酒肉臭，路有冻死骨。"达官贵人的家里酒肉吃不完都馊臭了，可是路边有穷人冻死的骸骨。这贫富对比，增强了语言的力度。

举一个例子来看对比。我们要赞美农民，假如把他们和明星做对比，我们就可以这样写：他们没有红地毯，没有属于他的咔嚓咔嚓的快门；脚下是肥沃的土地，耳边是布谷鸟的欢歌。他们没有粉丝，但是，在大地上，他们像王一样，饱满的稻粒是他们最忠实的臣子。

 融通运用

一、讲一讲

苛政猛于虎

孔子过泰山侧，有妇人哭于墓者而哀，夫子式①而听之，使子路②问之，

---

① 式：同"轼"，车前的扶手板，这里用作动词扶着车前的扶手板。
② 子路（前542年—前480年）：孔子的弟子，鲁国卞（今山东省泗水县）人，仲氏，名由，一字季路。

曰："子之哭也壹①，似重有忧者。"而②曰："然③。昔者吾舅④死于虎，吾夫又死焉⑤，今吾子又死焉。"夫子曰："何为不去⑥也?"曰："无苛政⑦。"夫子曰："小子⑧识⑨之：苛政猛于虎也。"（《礼记·檀弓下》）

二、读一读

麻雀（节选）

乔洪涛

麻雀喜欢成群结队的，三五只，七八只。扑啦啦飞起来，又落下去。骨碌碌的眼睛充满了狡黠和警惕。麦天的时候，我们的新麦摊在场院里，金黄的麦粒让它们垂涎。麻雀们就藏在沟渠旁边的草丛里，瓦屋破旧的屋檐下，或者远处的树丫上，下来偷粮食。我拿了一个草帽、一本书或者一张报纸遮了颜面，躺在树荫下装睡。我看见它们试探着走近了，先用喙蹭一下麦粒，然后慌忙抬头，看我的反应。看我依旧雕塑一般安然，它们就大胆了，有一只竟落到我的草帽上来了，"噗"地拉上一摊屎。我于是猛地跳起来，手一扬，吆喝一声，它们"哗"地跳飞起来，像一群受惊的小鹿，惊恐的眼神让我不安起来，我这才知道了什么是惊弓之鸟。它们真是一群可怜的孩子呀。

若干年过去了，我离开家乡，来到城市……

此时，我的窗前又落下了一只麻雀，就一只，我不知道它为什么离开了它的妻儿，到我的窗台上来。我微笑着观察这一只小鸟儿，冬天的阳光照耀着它，那么安详。它缩起脑袋，蓬松的羽毛像一只小鸡，一下一下地跳跃着。有时候它就歪着脑袋和我对视一番，隔着玻璃，它一点也不怕我。我细细地喘着气，生怕惊扰了它。它低头觅食，是不是饿了？我想反身给它取一点儿面包屑吃，可就在这时，它一转身突然就飞走了，看都没看我一眼，我一下

---

① 壹：通"噎"，哽噎（yē），即哽咽。
② 而：乃，就。
③ 然：是这样的。
④ 舅：丈夫的父亲（指公公）。古以舅姑称公婆。
⑤ 焉：于此，在此。
⑥ 去：离开。
⑦ 苛政：繁重的徭役赋税。
⑧ 小子：古时长辈对晚辈，或老师对学生的称呼。
⑨ 识（zhì）：同"志"，记住。

子觉得有点儿说不上来的失落。

　　天黑下来了。

能力测试：

1. 请对比一下童年的"我"和现在的"我"分别是如何对待麻雀的。

　　童年的"我" _____

　　现在的"我" _____

2. "它一转身突然就飞走了，看都没看我一眼，我一下子觉得有点儿说不上来的失落。"此时的"我"为什么会失落呢？

　　_____

3. 童年的"我"和现在的"我"对待麻雀的不同，突出了作者内心什么样的情感？

　　_____

三、写一写

　　请你用其他事物与蚯蚓进行对比，综合运用各种描写的方法，表达你对蚯蚓这一生命的赞美之情。（400 字左右）

四、记一记

夏日田园杂兴·其七

宋·范成大

昼出耘田夜绩麻，村庄儿女各当家。

童孙未解供耕织，也傍桑阴学种瓜。

乡村四月

宋·翁卷

绿遍山原白满川，子规声里雨如烟。

乡村四月闲人少，才了蚕桑又插田。

第二十四章　家国

经典溯源

泊秦淮①

唐·杜牧

烟笼②寒水月笼沙，
夜泊秦淮近酒家。
商女③不知亡国恨，
隔江犹唱后庭花④。

【释读】

泊秦淮

浩渺寒江之上弥漫着迷蒙的烟雾，皓月的清辉洒在白色沙渚之上。入夜，将小舟泊在秦淮河畔，临近酒家。金陵歌女似乎不知何为亡国之恨黍离之悲，竟依然在对岸吟唱着淫靡之曲《玉树后庭花》。

【注释】

①秦淮：即秦淮河，长江下游右岸支流。
②笼：遮住，罩住。
③商女：歌女。
④《后庭花》：乐府清商曲吴声歌曲名。唐为教坊曲名。

题临安⑤邸⑥

宋·林升

山外青山楼外楼，

西湖⑦歌舞几时休⑧？

暖风熏⑨得游人醉，

直⑩把杭州作汴州⑪。

题临安邸

远处青山叠翠，近处楼台重重，西湖的歌舞何时才会停止？淫靡的香风陶醉了享乐的贵人们，简直是把偏安的杭州当作昔日的汴京！

【注释】

⑤临安：现在浙江杭州市，金人攻陷北宋首都汴京后，南宋统治者逃亡到南方，建都于临安。

⑥邸（dǐ）：旅店。

⑦西湖：杭州的著名风景区。

⑧休：休止，停止。

⑨熏（xūn）：吹，用于温暖馥郁的风。

⑩直：简直。

⑪汴州：即汴京，今河南开封市。

识文解字

字 形	宀 宀 家 家	
偏 旁	宀 房子。	
字 音	jiā	
本 义	家庭。	半坡村的房屋复原图，新石器时期。
引申义	①与家庭成员的共同居所； ②具有某种特征的人，如科学家； ③经过驯化、培育、饲养的（跟"野"相对）； ④经营某种行业的人或具有某种身份的人，如"农家"。	
相关字	室、宅	
词 语	家规：家庭中的规矩。 家书：家庭成员写的书信。	
成 语	白手起家：白手，空手；起家，创建家业。形容在没有基础和条件很差的情况下自力更生，艰苦创业。 家喻户晓：喻，明白；晓，知道。家家户户都知道。形容人所共知。	

方法探幽

语气的选择：讽刺

将否定、批评的事夸张地写成繁华、荣耀、精彩等褒扬的场景，暗里透着冷眼旁观的态度，就是讽刺。

国家已经灭亡，山河破碎、颠沛流离是无法忽视的现状，可是，西湖的歌舞却无视了这凄惨的现状而呈现出一派繁荣升平。自然引人思考：什么人，在众生悲苦之时依旧嬉笑玩乐？在这思考中，作者的情绪和思想自然就凸显出来。

讽刺挖苦，往往让语言的语气显得更生动，摆脱平淡和无味。古代诗人中，李商隐语言就很"刻薄尖酸"。他有一首诗，是关于隋炀帝的。炀帝奢靡铺张，数下江南，耗费巨万。李商隐诗说："玉玺不缘归日角①，锦帆应是到天涯。"意思是如果不是李渊夺了帝位，隋朝不亡国，炀帝的浩荡的豪华船队应该到了天涯海角了吧。鲁迅的文字的语气往往也是很生动的，比如"八国联军屠戮妇婴的伟绩"，"伟绩"如果说成"罪恶"就平淡了，也就显示不出说话者心中的愤激。

 融通运用

一、讲一讲

秦庭之哭

初，伍员②与申包胥③友。其亡④也，谓申包胥曰："我必复⑤楚国。"申包

---

① 日角：指额头上如同太阳一样突起的骨头，即帝王的象征。此处指唐朝开国皇帝李渊。
② 伍员：即伍子胥（前559年—前484年），名员（一作芸），字子胥，本楚国人，春秋末期吴国大夫、军事家。以封于申，也称申胥。
③ 包胥（xū）：楚国大夫，包胥是字，申是他的食邑。
④ 亡：逃亡。
⑤ 复：同"覆"，颠覆。

胥曰："勉⑥之！子能复之，我必能兴之。"及昭王⑦在随⑧；申包胥如⑨秦乞师⑩，曰："吴为封豕⑪长蛇，以荐⑫食⑬上国，虐⑭始于边楚。寡君失守社稷，越⑮在草莽⑯，使下臣告急曰：'夷⑰德⑱无厌⑲，若邻⑳于君，疆场㉑之患㉒也。逮㉓吴之未定，君其㉔取分焉。若楚之遂亡，君之土也。若以㉕君灵抚之。也以事君。'"秦伯使辞焉，曰："寡人闻命矣。子姑㉖就㉗馆，将图㉘而告。"对曰："寡君越在草莽，未获所伏㉙，下臣何敢即安㉚?"立，依于庭墙而哭，日夜不绝声，勺饮不入口七日。秦哀公为之赋《无衣》㉛。九顿首㉜而坐。秦师乃出。

（《左传》）

---

⑥　勉：努力，尽力。
⑦　昭王：楚平王的儿子，名壬。
⑧　随：诸侯国名。
⑨　如：去到，往。
⑩　师：军队。
⑪　封豕：大野猪。封，大；豕，音 shǐ，野猪。
⑫　荐：多次。
⑬　食：侵食。
⑭　虐：侵害，残害。
⑮　越：流亡。
⑯　草莽：丛生的杂草。
⑰　夷：指吴国。
⑱　德：这里指贪心。
⑲　厌：满足。
⑳　邻：接邻。
㉑　疆场：边界。
㉒　患：祸患。
㉓　逮：趁。
㉔　其：祈使语气词，希望。
㉕　以：凭借、借助。
㉖　姑：姑且、暂且。
㉗　就：到。
㉘　图：打算，筹谋。
㉙　所伏：藏身之地，安身之地。
㉚　即安：到适当的地方去，指上文"就馆"。
㉛　《无衣》：《诗·秦风》中的篇名。
㉜　顿首：磕头。

065

二、读一读

可爱的中国（节选）

方志敏

朋友！中国是生育我们的母亲。你们觉得这位母亲可爱吗？我想你们是和我一样的见解，都觉得这位母亲是蛮可爱蛮可爱的。以言气候，中国处于温带，不十分热，也不十分冷，好像我们母亲的体温，不高不低，最适宜于孩儿们的偎依。以言国土，中国土地广大，纵横万数千里，好像我们的母亲是一个身体魁大、胸宽背阔的妇人，不像日本姑娘那样苗条瘦小。中国许多有名的崇山大岭，长江巨河，以及大小湖泊，岂不象征着我们母亲丰满坚实的肥肤上之健美的肉纹和肉窝？中国土地的生产力是无限的；地底蕴藏着未开发的宝藏也是无限的；废置而未曾利用起来的天然力，更是无限的。这又岂不象征着我们的母亲，保有着无穷的乳汁，无穷的力量，以养育她四万万的孩儿？我想世界上再没有比她养得更多的孩子的母亲吧。至于说到中国天然风景的美丽，我可以说，不但是雄巍的峨嵋，妩媚的西湖，幽雅的雁荡，与夫"秀丽甲天下"的桂林山水，可以傲睨一世，令人称美；其实中国是无

地不美，到处皆景，自城市以至乡村，一山一水，一丘一壑，只要稍加修饰和培植，都可以成流连难舍的胜景。这好像我们的母亲，她是一个天姿玉质的美人，她的身体的每一部分，都有令人爱慕之美。中国海岸线之长而且弯曲，照现代艺术家说来，这象征我们母亲富有曲线美吧。

咳！母亲！美丽的母亲，可爱的母亲，只因你受着人家的压榨和剥削，弄成贫穷已极；不但不能买一件新的好看的衣服，把你自己装饰起来；甚至不能买块香皂将你全身洗擦洗擦，以致现出怪难看的一种憔悴褴褛和污秽不洁的形容来！啊！我们的母亲太可怜了，一个天生的丽人，现在却变成叫化的婆子！站在欧洲、美洲各位华贵的太太面前，固然是深愧不如，就是站在那日本小姑娘面前，也自惭形秽得很呢！

听着！朋友！母亲躲到一边去哭泣了，哭得伤心得很呀！她似乎在骂着："难道我四万万的孩子，都是白生了吗？难道他们真像着了魔的狮子，一天到晚的睡着不醒吗？难道他们不知道用自己伟大的团结力量，去与残害母亲、剥削母亲的敌人斗争吗？难道他们不想将母亲从敌人手里救出来，把母亲也装饰起来，成为世界上一个最出色、最美丽、最令人尊敬的母亲吗？"朋友，听到没有？母亲哀痛的哭骂？是的，是的，母亲骂得对，十分对！我们不能怪母亲好哭，只怪得我们之中出了败类，自己压制自己，眼睁睁的望着我们这位挺慈祥美丽的母亲，受着许多无谓的屈辱，和残暴的蹂躏！这真是我们做孩子们的不是了，简直连一位母亲都爱护不住了！

能力测试：

1. 结合文本，说说在第一自然段透过作者的描述，你读出了作者对祖国怎样的思想感情？这些情感是怎样表现出来的？

   _____

2. 第二自然段中祖国母亲在哀叹什么呢？实际上又是在讽刺什么呢？

   _____

3. 第三自然段的语言有什么特征？你认为这样的语气描写有什么好处？

   _____

三、写一写

秋夜将晓出篱门迎凉有感二首·其二

宋·陆游

三万里河东入海，五千仞岳上摩天。

遗民①泪尽胡尘里，南望王师又一年。

【译文】

三万里黄河东流入大海，五千仞华山高耸接青天。

铁蹄下遗民欲哭已无泪，盼望官军收失地又一年。

"河"，指黄河，哺育中华民族的母亲；岳，指东岳泰山、中岳嵩山、西岳华山等立地擎天的峰柱。巍巍高山，上接青冥；滔滔大河，奔流入海。两句诗一横一纵，北方中原半个中国的形胜，鲜明突兀、苍莽无垠地展现在我们眼前。奇伟壮丽的山河，标志着祖国的可爱，象征着民众的坚强不屈，已给读者以丰富的联想。然而，如此的山河，如此的人民，却长期以来沦陷在金朝贵族铁蹄蹂躏之下。下两句笔锋一转，顿觉风云突起，诗境向更深远的方向开拓。"泪尽"一词，千回万转，中原广大人民受到压迫的沉重，经受折磨历程的长久，企望恢复信念的坚定不移与迫切，都充分表达出来了。他们年年岁岁盼望着南宋能够出师北伐，可是岁岁年年此愿落空。当然，他们还是不断地盼望下去。人民的爱国热忱真如压在地下的跳荡火苗，历久愈炽；而南宋统治集团则正醉生梦死于西子湖畔，把大好河山、国恨家仇丢在脑后，可谓心死久矣，又是多么可叹！后一层意思，在诗中虽未明言点破，强烈的批判精神却跃然可见。

你能模仿《可爱的中国》一文，使用拟人和对比的方法，试着将这首诗写成一篇200字左右的作文吗？

---

① 遗民：亡国之民，前朝留下的老百姓。

四、记一记

示 儿

宋·陆游

死去元知万事空，但悲不见九州同。

王师北定中原日，家祭无忘告乃翁。

春 望

唐·杜甫

国破山河在，城春草木深。感时花溅泪，恨别鸟惊心。

烽火连三月，家书抵万金。白头搔更短，浑欲不胜簪。

哥舒歌

唐·无名氏

北斗七星高，哥舒夜带刀。

至今窥牧马，不敢过临洮。

"讲一讲" 参考译文

第十三章　夕阳

刘伶病酒

刘伶饮酒过度，为此生了病。可他还是馋酒喝，于是开口向夫人要。刘夫人很生气，她把酒倒在地上，摔碎了装酒的瓶子，哭着劝刘伶道："夫君喝酒太多，不是养生之道，一定要戒掉啊！"刘伶说道："好极了，我自己戒不了，只有在神面前祷告发誓才可以，请你准备祭祀鬼神的酒肉吧！"夫人高兴地说："就按你的意思办。"于是，她把酒肉放在神案上，请刘伶来祷告。刘伶跪在神案前，大声说道："老天生了我刘伶，因为爱酒才有大名声，一次要喝一斛，五斗哪里够用？妇道人家的话，可千万不能听！"说罢，拿起酒肉，大吃大喝起来，不一会便醉醺醺地倒下了。

第十四章　月（上）

嫦娥奔月

嫦娥是后羿的妻子。后羿从西王母那儿讨来了不死之药，还没有来得及吃。嫦娥成仙心切，有一天，就趁着后羿不注意，偷来不死药并吃下了，然后就飞到月宫，成了月亮上的神仙。

吴刚伐桂

相传月亮上有桂树，有蟾蜍。因此，奇异的书上记载：月亮上的桂树有五百多丈高，下边有一个人常在砍伐它，但是每次砍下去之后，被砍的地方立即又合拢了。几千年来，就这样随砍随合，这棵桂树永远也不倒下。

据说这个砍树的人名叫吴刚，是汉朝西河人，曾跟随仙人修道，到了天界。但是他犯了错误，仙人就把他贬到了月宫，日日做这种徒劳无功的苦差事，以示惩处。

第十五章　月（下）

单于夜遁

李广远远望见几千名匈奴骑兵。匈奴骑兵看到李广，以为是诱敌的骑兵，都很吃惊，跑上山去摆好了阵势。李广的百名骑兵也都大为惊恐，想回马飞奔逃跑。李广说："我们离开大军几十里，照现在这样的情况，我们这一百名骑兵只要一跑，匈奴就要来追击射杀，我们会立刻被杀光的。现在我们停留不走，匈奴一定以为我们是大军来诱敌的，必定不敢攻击我们。"李广向骑兵下令："前进！"骑兵向前进发，到了离匈奴阵地还有大约二里的地方，停下来，李广下令说："全体下马解下马鞍！"骑兵们说："敌人那么多，并且又离得近，如果有了紧急情况，怎么办？"李广说："那些敌人原以为我们会逃跑，现在我们都解下马鞍表示不逃，这样就能使他们更坚定地相信我们是诱敌之兵。"于是匈奴骑兵最终不敢来攻击。有一名骑白马的匈奴将领出阵来监护他的士兵，李广立即上马和十几名骑兵一起奔驰，射死了那骑白马的匈奴将领，之后又回到自己的骑兵队里，解下马鞍，让士兵们都放开马，随便躺卧。这时正值日暮黄昏，匈奴军队始终觉得奇怪，不敢进攻。到了半夜，匈奴兵又以为汉朝有伏兵在附近，想趁夜偷袭他们，于是匈奴就趁夜领兵撤离了。

第十六章　雨

桑林祷雨

传说商代开国之君成汤灭夏之后，天大旱，整整五年农田颗粒无收。汤于是在桑林用自己的身体作保证向神祈祷，说："我一人有罪，不要祸及天下人；即使天下人有罪，也由我一人承担。不要因我一人不才，使天帝鬼神伤害人民的生命。"于是汤剪掉自己的头发，用木夹挤压自己的手指，把自己作为祭品向上天献祭。百姓对他心悦诚服。不久之后，天降甘霖。

第十七章　雪

袁安卧雪

有一年冬天，纷纷扬扬的大雪一连下了十余天，地上积雪有一丈多厚，人们的路和门都被雪封堵了。洛阳令到州里巡视灾情，访贫问苦，雪中送炭。见家家户户都扫雪开路，出门谋食。来到袁安家门口，见大雪封门，无路可通，洛阳令以为袁安已经被冻死饿死了，便命人凿冰除雪，破门而入。只见袁安僵卧在床，奄奄一息。洛阳令扶起袁安，问他为什么不出门乞食，袁安答道："大雪天人人皆又饿又冻，我不应该再去干扰别人！"洛阳令嘉许他的品德，推举他为孝廉。

第十八章　春

绿满窗前草不除

陈明道窗前的草很茂盛，遮盖了台阶。有人劝他把草铲掉，他说："不可以，我想见到大自然自然舒展的生态。"他又放了一个水盆做小池，养了几条小鱼在水里，经常观察。有人问他为什么这样做，他说："我想见到自然万物各自自在生长。"

第十九章　夏

濠梁之辩

庄子与惠施在濠水的桥上游玩。庄子说："白鲦鱼在河水中游得多么悠闲自得，这是鱼的快乐啊。"惠施说："你不是鱼，你怎么知道鱼的快乐呢？"庄子说："你不是我，你怎么知道我不知道鱼的快乐呢？"惠施说："我不是你，固然不知道你；你本来就不是鱼，所以你不知道鱼的快乐，这是可以肯定的！"庄子说："请从我们最初的话题说起。你说'你从哪儿知道鱼快乐'的话，说明你已经知道我知道鱼快乐而在问我。你问我在哪里知道的，我是在濠水的桥上知道的。"

第二十章　秋

秋水

秋天里山洪随着时令汹涌而至，众多大川的水流汇入黄河，河面宽阔波涛汹涌，两岸和水中沙洲之间连牛马都不能分辨。于是河神欣然自喜，认为天下一切美好的东西全都聚集在自己这里。河神顺着水流向东而去，来到北海边，面朝东边一望，看不见大海的尽头。于是河神方才改变先前洋洋自得的面孔，面对着海神仰首慨叹道："俗语有这样的说法，'听到了上百条道理，便认为天下再没有谁能比得上自己'的，说的就是我这样的人了。而且我还曾听说过孔丘懂得的东西太少、伯夷的高义不值得看重的话语，开始我不敢相信；如今我亲眼看到了你是这样的浩渺博大、无边无际，我要不是因为来到你的门前，真可就危险了，我必定会永远受到修养极高的人的耻笑。"

第二十一章　冬

惠子相梁

　　惠施做了魏国的国相，庄子去看望他。有人告诉惠施说："庄子到梁国来，想取代你做宰相。"于是惠施非常害怕，在国都搜捕庄子三天三夜。庄子前去见他，说："南方有一种鸟，它的名字叫鹓雏，你知道吗？从南海起飞飞到北海去，不是梧桐树不栖息，不是竹子的果实不吃，不是甜美如醴的泉水不喝。在此时猫头鹰拾到一只腐臭的老鼠，鹓雏从它面前飞过，猫头鹰仰头看着鹓雏，怕鹓雏抢它的臭老鼠，嘴里发出'吓'的怒斥声，想吓退鹓雏。现在你也想用你的魏国来'吓'我吧？"

第二十二章　交游

管鲍之交

　　管仲说："当初我贫困的时候，曾经同鲍叔一道做买卖，分财利往往自己多得，而鲍叔不将我看成贪婪的人，他知道我贫穷。我曾经替鲍叔出谋办事，结果事情给弄得更加处境恶劣，而鲍叔不认为我是愚笨的人，他知道时机有利和不利。我曾经多次做官又多次被国君斥退，鲍叔不拿我当无能之人看待，他知道我没遇上好时运。我曾经多次打仗多次退却，鲍叔不认为我是胆小鬼，他知道我家中还有老母。公子纠争王位失败之后，我的同僚召忽为此自杀，而我被关在深牢中忍辱苟活，鲍叔不认为我无耻，他知道我不会为失小节而羞，却为功名不曾显耀于天下而耻。生我的是父母，了解我的是鲍叔啊！"鲍叔荐举了管仲之后，甘心位居于管仲之下。他的子孙世世代代在齐国享有俸禄，得到封地的有十几代，多数是著名的大夫。因此，天下的人不称赞管仲的才干，反而赞美鲍叔能够识别人才。

第二十三章　悲悯

苛政猛于虎

孔子路过泰山边，有个妇人在坟墓旁哭得很悲伤。孔子扶着车前的扶手板听着，派子路问她："你这样哭，哽咽不止，好像不止一次遭遇到不幸了。"她就说："是啊！以前我公公死在老虎口中，我丈夫也死在老虎口中，现在我儿子又被虎咬死了。"孔子说："为什么不离开这里呢？"妇女回答："（因为）这里没有严苛的赋税。"孔子说："子路要记住，严苛的赋税比老虎还要可怕！"

第二十四章　家国

秦庭之哭

当初，伍员和申包胥是朋友。伍员出逃去吴国的时候，对申包胥说："我一定要颠覆楚国。"申包胥说："努力吧！您能颠覆它，我就一定能使它复兴。"到了楚昭王在随国避难的时候，申包胥到秦国去请求出兵，他说："吴国是头大野猪，是条长蛇，它多次侵害中原各国，最先受到侵害的是楚国。我们国君守不住自己的国家，流落在荒草野林之中，派遣臣下前来告急求救说：'吴国人的贪心是无法满足的，要是吴国成为您的邻国，那就会对您的边界造成危害。趁吴国人还没有把楚国平定，您还是去夺取一部分楚国的土地吧。如果楚国就此灭亡了，另一部分就是君王的土地了。如果凭借君王的威灵来安抚楚国，楚国将世世代代侍奉君王。'"秦哀公派人婉言谢绝说："我听说了你们的请求。您暂且住进客馆休息，我们考虑好了再告诉您。"申包胥回答说："我们国君还流落在荒草野林之中，没有得到安身之所，臣下哪里敢就这样去客馆休息呢？"申包胥站起来，靠着院墙痛哭，哭声日夜不停，连续七天没有喝一口水。秦哀公为他写了一首《无衣》。申包胥连着叩了九个头，然后才坐下。于是，秦国出兵（帮助楚国）了。

附录2

"读一读" 参考答案

第十三章 夕阳

1. 早晨，露珠闪耀，满山的橘柚树撒霜；太阳出来，露水消逝，橘柚树闪烁着阳光。

中午，群峰披上金甲，阳光在水面上跳跃，水面的波光投向两岸陡立的峭壁。整个峡谷，波光荡漾。

下午，峡里升起一层薄雾。两岸峭壁的倒影，一齐拥向江心，江面只剩下一线发光的天空，长江犹如一条明亮的小溪。

夜晚，渔火和江心的灯标亮起，偶尔驶过的驳船，在江面划开一条发光的路。

2. ①闪烁，②跳跃。早晨的阳光微曦，闪烁一词写出了阳光照射在橘柚树上的光亮动摇不定，忽明忽暗；中午重点写长江在阳光照耀下的色彩强烈，水势奔腾，辉映峭壁，峡谷波光荡漾，显示了中午阳光的特点：热烈。

第十四章 月（上）

1. 抓住了月亮每个月都要圆一次的特点，比喻成一双很喜欢看我们的大地的眼睛，所以每一次闭上了，又忍不住偷偷睁开。

2. 提示：自由想象，准确合适即可。

第十五章 月（下）

1. C 2. D 3. D

第十六章 雨

1. 富有神韵。

（古镇）——（总有一种平平仄仄的韵律感，古典的忧郁美）。

（断桥）——（江南的雨是惆怅的）。

（雨中的江南女孩）——（江南的雨是柔和的；淡雅而不失芬芳）。

（泛舟西湖上）——（江南的雨是充满灵性的）。

2. 雨中的江南韵味十足，充满诗情画意，极尽古典诗词的韵味。烟雨朦胧迷醉，透露出祥和而又安详的气息。

第十七章 雪

1. 叶子：形状细长，一簇一簇，舒展低垂；颜色：中间浅绿色，两边翠绿色。
   花：如米粒般细小；雪白细嫩精美；淡淡清香。

2. 有三方面值得赞赏的内在精神：
   ①吊兰一年四季都对生命毫无保留地绽放；
   ②它不娇贵，不需要营养，只需浇一些水，便可以枝繁叶茂；
   ③它生命力顽强，每一节枝条生出的小枝叶，摘下来，种到土里，就又可以繁殖出一盆。
   我们的人生也应如盆中的吊兰，看似微不足道，看似渺小卑微，其实内心早已孕育了绽放的能量。

第十八章 春

1. 所见（一自然段），所听（七自然段），所闻（熟悉的乡音土语，终生难忘的土腥味、牛粪味、灶烟味扑面而来），所触摸（伸手触摸斑驳黝黑的墙皮）；表达了作者怀念的心情。

2. ①使用了拟人的修辞手法，"抹"字生动地描写出青苔野草长满小巷，将小巷全部变成绿色的动态变化过程和一片轻柔绿意的视觉结果。带给小巷的生机及如画的美感。
   ②"踏碎"一词生动地写出了夕阳平铺于小巷，孩子在夕阳中跳跃的影子和作者在夕阳中雀跃盼归的急切之情。

第十九章　夏

1. 竹子和柏树的影子；作者把它们想象成了水中交横错杂的水藻、荇菜。

2. 略

第二十章　秋

1. ①不分场所生长：不论田头地尾、房东舍西、廊前院后桂树皆能生长。②花期长：八月刚露头，桂香就热热闹闹地登场了。近一个月的时间，此桂花开，彼桂花谢，让小城成了"香城"。③对所有人平等相待：哪怕"市井草民"，也能身心含香，神清气爽一把。

2. 作者渴望今秋能与一知己友人共品桂花茶。即便没有，作者也已视桂花为好友，愿与桂花共享清秋。

第二十一章　冬

1. 作者由春分联想到可能这是春天最后一场雪了。它们是春天最后的结晶者，也许从明天早上开始，它们就化了。
   由雪的融化联想到下面的大地已经复苏了，有的草绿了。虫子在土里蠕动。雪和草的根须交流水，和虫子小声谈天气。

2. 作者满怀对春雪的喜爱、惜别之情。

第二十二章　交游

1. 闷人的空气没有一丝儿风影，乌云遮住了整整半个地平线，听不见一声鸟鸣。

2. 风雨如磐，有你在，无惧风雨。

3. 赞同；正是对这样风雨欲来的环境描写，才更加反衬出两个鸽子之间同患难、不离弃的坚贞。

第二十三章　悲悯

1. 童年的"我"：把麻雀吓成惊弓之鸟；

现在的"我"：生怕惊扰了觅食的麻雀，喂它面包屑吃。

2. 童年再也回不去了，故乡已经远离了。

3. 对家乡的思念，对童年时光的留念。

第二十四章　家国

1. 作者对祖国母亲深沉的爱；运用了拟人的写作手法，把祖国当作了自己的母亲。

2. 哀叹自己被残害，被剥削，受着许多无谓的屈辱，和残暴的蹂躏，自己的四万万孩子却无力拯救。讽刺国人的麻木不仁，逆来顺受，不思进取与抗争。

3. （1）拟人，让祖国以母亲的身份直接表达；（2）反问，使情感强烈；（3）一问一答。让语言的语气显得更生动，摆脱平淡和无味。突出了作者内心对祖国母亲的强烈的爱，和对麻木的国人怒其不争。